Jeder trachtet danach, glücklich zu sein. Dan Greenburg hat sich ein anderes Ziel gesetzt: Er führt uns in die Kunst ein, sich schlecht zu fühlen. Anlass dazu gibt es immer. Falls nicht, werden Sie mithilfe dieses Buches lernen, sich einen solchen zu verschaffen. Egal, mit welcher Situation Sie konfrontiert sind – es gibt immer eine geeignete Strategie, sich das Leben schwer zu machen.

Bei der Flut von Büchern, die übervoll sind mit gut gemeinten Ratschlägen, ist Dan Greenburgs »Die Kunst, sich schlecht zu fühlen« wohltuend anders und darüber hinaus erstaunlich hilfreich. Warum? Was mit einem gut gemeinten Ratschlag geschieht, weiß jeder. Er wird nicht befolgt. Doch wer Dan Greenburgs Ratschläge missachtet, könnte sich dabei ertappen, ein glücklicher Mensch zu werden.

Dan Greenburg arbeitet seit vielen Jahren erfolgreich als Sach- und Kinderbuchautor. Seine zahlreichen Bücher wurden in 19 Sprachen übersetzt. Er lebt in Westchester County, New York.

Unsere Adresse im Internet: www.fischerverlage.de

Dan Greenburg

Die Kunst, sich schlecht zu fühlen

Unter Mitarbeit von Marcia Jacobs

Aus dem Amerikanischen von
Sabine Bayerl

Fischer
Taschenbuch
Verlag

Veröffentlicht im Fischer Taschenbuch Verlag,
einem Unternehmen der S. Fischer Verlag GmbH,
Frankfurt am Main, August 2004

Lizenzausgabe mit Genehmigung
des Argon Verlages, Berlin
Die amerikanische Originalausgabe erschien 1966
unter dem Titel ›How to make yourself miserable‹
im Verlag Random House, New York
© 1966 by Dan Greenburg
Für die deutsche Ausgabe:
© 2002 Argon Verlag GmbH, Berlin
Druck und Bindung: C. H. Beck, Nördlingen
Printed in Germany
ISBN 3-596-15597-5

INHALT

Einleitung   11

ABSCHNITT I: METHODEN, ALLEIN UNGLÜCKLICH ZU SEIN

Kapitel 1: Grundlagen des Selbstquälens   15

Warum Sie sich schlecht fühlen müssen   15
Die Kunst, eine erstklassige Angst zu
erzeugen   18
    Die Kunst, eine dreidimensionale
    Beunruhigung auszuwählen   18
    Die Kraft des negativen Denkens   20
    Die Kunst, Ihre Beunruhigung reifen
    zu lassen   23
    Von Beunruhigungen zu Ängsten   23
    Übung in Sachen Angst   26
    Quiz zum negativen Denken   27

Kapitel 2: Sieben klassische Unglück erzeugende Situationen   29

Situation 1: Grundlegende Beunruhigungen
bei nächtlichen Geräuschen   29

Situation 2: Grundlegende Beunruhigungen
beim Schenken und Beschenktwerden 30
Situation 3: Grundlegende Beunruhigungen
beim Warten 31
Situation 4: Grundlegende Beunruhigungen
bei Urlaubsreisen 32
Situation 5: Grundlegende Beunruhigungen
bei Dinnerpartys 34
Situation 6: Grundlegende Beunruhigungen
bei kleineren Gesetzesverstößen 36
Situation 7: Grundlegende Beunruhigungen
beim Fliegen 37
Quiz 40

KAPITEL 3: SICH WEGEN DER VERGANGENHEIT,
DER GEGENWART UND DER ZUKUNFT SCHLECHT
FÜHLEN 41

Beste Bedingungen für das Grübeln 41
   Sonntagnachmittag 42
   Der Silvesterabend 43
   Siebzehn elementare pessimistische
   Weltanschauungen 45
Die Kunst, sich aufgrund der Vergangenheit
schlecht zu fühlen 47
Die Kunst, sich aufgrund der Gegenwart
schlecht zu fühlen 49
   Die Kunst, sich schlecht zu fühlen, wenn
   Sie nicht reich sind 49
   Die Kunst, sich schlecht zu fühlen, wenn
   Sie reich SIND 50

Die Kunst, sich schlecht zu fühlen, wenn Sie nicht berühmt sind	52
Die Kunst, sich schlecht zu fühlen, wenn Sie berühmt SIND	52
Die Kunst, sich schlecht zu fühlen, wenn Sie keine Schönheit sind	54
Die Kunst, sich schlecht zu fühlen, wenn Sie eine Schönheit SIND	55
Die Kunst, sich schlecht zu fühlen, wenn Sie nicht besonders begabt sind	55
Die Kunst, sich schlecht zu fühlen, wenn Sie besonders begabt SIND	56
Die Kunst, sich aufgrund der Zukunft schlecht zu fühlen	**58**
Übung: Siebzehn masochistische Aktivitäten für Anfänger	**60**
Test zum Ergänzen	**63**

ABSCHNITT II: METHODEN, SICH MIT ANDEREN SCHLECHT ZU FÜHLEN

KAPITEL 4: DIE KUNST, FREUNDE ZU VERLIEREN UND SICH MENSCHEN ZU ENTFREMDEN — 67

Die Kunst, ein Ablehnungsimage zu formulieren — **68**
  Die Körperhaltung, die zur Ablehnung auffordert — 69
  Der Ton der Stimme, der zur Ablehnung auffordert — 70

Die Dynamik der Ablehnung 71
   Die Auswahl eines viel versprechenden
   potenziellen Ablehnenden 72
   Die Entschuldigung als Ablehnungshilfe 73
   Die Ablehnungsformel und wie sie zu
   verwenden ist 77
   Die Kunst, mit einem widerwilligen
   Ablehnenden umzugehen 80
   Testproblem: Die Pattsituation 81

KAPITEL 5: DIE KUNST, SEINEN JOB ZU
VERLIEREN 84

Unterbezahlung als Grundeinstellung 86
Das Ausgleichen des Kontos 87
Quiz 90

KAPITEL 6: DIE KUNST, TIEFE ROMANTISCHE
BEZIEHUNGEN ZU VERHINDERN 91

Sich auf Partys schlecht fühlen 92
   Das Anti-Smalltalk-Manöver 94
Das Telefon als Instrument der
Selbstquälerei 96
   Warten auf einen Telefonanruf 97
   Anrufen wegen einer Verabredung 103
   Einführende Bemerkungen für
   Telefongespräche 105
   Die Einladung 106
Die Feuerprobe beim tatsächlichen
Ausgehen 109

Zehn Wege, einen guten Abend kaputtzumachen	109
Quiz	112

KAPITEL 7: DIE KUNST, TIEFE ROMANTISCHE
BEZIEHUNGEN ZU ZERSTÖREN   113

Beziehungszerstörungsmanöver 1: Der große Liebestest	114
Beziehungszerstörungsmanöver 2: Der große Heiratsschwindel	117
Beziehungszerstörungsmanöver 3: Haben wir noch etwas gemeinsam?	118
Beziehungszerstörungsmanöver 4: Verlass mich nicht	120
Beziehungszerstörungsmanöver 5: Der attraktive Fred (Gegenstück für Frauen: Die attraktive Corinna)	121
Testproblem	124

KAPITEL 8: DIE KUNST, ALLE NOCH
VERBLIEBENEN FREUNDE ZU VERLIEREN   126

Der akzeptable Versagensspielraum	126
Endlich allein!	128

EINLEITUNG

Zu lange haben Sie, ein Durchschnittsmasochist, sich aufgrund falscher oder uneffektiver Mittel bereits mit der wichtigen Aufgabe der Selbstbestrafung für Ihre verschiedenen Arten von Schuld beschäftigt.

Zu lange mussten Sie sich mit mangelhaft formulierten Ängsten und willkürlichen Methoden der Selbstgeißelung zufrieden geben. Und dies nur aus dem Grund, weil ein so wichtiges Fachgebiet immer ignoriert und als Volkskunst statt als Wissenschaft betrachtet wurde.

Hier ist endlich der ehrliche Bericht, auf den Sie gewartet haben. Darin werden wir Sie Schritt für Schritt in jede einzelne Phase des Selbstquälens und der Erniedrigung einführen. In diesem Prozess werden Sie in viele der Methoden eingeweiht, die wir selbst in der Vergangenheit so erfolgreich angewandt haben.

Es ist unser bescheidener, aber nichtsdestotrotz ernsthafter Wunsch, dass es Ihnen die Lektüre der vorliegenden Seiten möglich machen wird, in sich selbst die nötige Inspiration und das Handwerkszeug für ein wirklich qualvolles, bedeutungsloses und unglückliches Leben zu finden.

Abschnitt I
Methoden, allein unglücklich zu sein

Kapitel 1:
Grundlagen des Selbstquälens

Warum Sie sich schlecht fühlen müssen

Sie, das können wir mit Sicherheit annehmen, sind schuldig.

Schuldig *woran*, wissen wir nicht. Offen gestanden, wir *wollen* es nicht wissen. Es besteht allerdings die Aussicht, dass es sich um etwas wirklich Schäbiges handelt.

Vielleicht spielen Sie mit der Vorstellung, politische Parolen auf die Cornflakes Ihres Vaters zu sprühen oder mit der Gattin Ihres besten Freundes durchzubrennen. Oder vielleicht ist es etwas noch Exotischeres, wie heimliche romantische Gefühle gegenüber: (1) Ihrem Trainingspartner im Fitnessstudio, (2) Ihrer Schwester, (3) Ihrem Dobermann, (4) Ihrem Regenschirm.

(Wir sind bereit, zu Ihren Gunsten anzunehmen, dass keine dieser Möglichkeiten die Ebene der Vorstellung überschritten hat.)

Was immer es sein mag, es ist Ihre eigene Angelegenheit, und wir wollen nicht neugierig sein. Für uns ist nur von Interesse, dass Sie mit einigen Ideen gespielt haben, die sozial missbilligt werden, dass Sie sich deshalb schuldig fühlen und dass – was ziemlich logisch ist – Sie für Ihre Schuld Bestrafung wünschen.

Wer könnte Sie bestrafen – Ihr Vater? Ihr bester Freund? Ihr Trainingspartner? Wohl kaum. Diese Leute haben, genau genommen, keine Ahnung von Ihrer Schuld. Und nebenbei gesagt, sie sind viel zu sehr beschäftigt damit, *sich selbst* zu bestrafen, als dass sie sich um Ihre Bestrafung kümmern könnten. Klar ist, wenn eine Bestrafung vorgenommen werden soll, müssen Sie das schon selbst in die Hand nehmen.

Wie soll man also vorgehen? Wie können Sie es anstellen, dass Sie sich wirklich so schlecht fühlen, wie Sie es verdient haben?

Wahrscheinlich verfügen Sie bereits über ein paar ganz persönliche Methoden, sich schlecht zu fühlen – wie etwa, sich wegen dieser anhaltenden Schmerzen in Ihrem Magen mit morbiden Ängsten zu bombardieren oder sich Vorhaltungen zu machen, was Sie zu dieser unhöflichen Verkäuferin im Heimwerkermarkt alles hätten sagen sollen.
Was immer Sie sich bislang antun, wir können Ihnen helfen, es besser zu machen.

In diesem Buch werden wir zwei Wege zum Unglück vorstellen, die absolut effektiv und zugleich einfach zu befolgen sind.
Den ersten müssen Sie alleine gehen, er zeigt Ih-

nen die *Schaffung von Ängsten*. Der zweite erfordert die Einbeziehung anderer Personen als unwissentliche Komplizen, und er lehrt Sie, die *Menschen dazu zu bringen, Sie abzulehnen*.

Kombiniert mit einem intensiven, vernünftigen Programm des Leidens und der Selbstquälerei, brauchen Sie nichts weiter als diese beiden Techniken, um das schwer zu definierende und heiß ersehnte Ziel des so genannten vollkommenen persönlichen Unglücks zu erreichen.

Und jetzt auf zum ersten unserer zwei Wege zum Unglück!

Die Kunst, eine erstklassige Angst zu erzeugen

Wissen Sie, wie Sie sich beunruhigen können?
Sicherlich.
Oder etwa doch nicht?
Lassen Sie uns die Frage anders formulieren. Wissen Sie, wie Sie sich *kreativ* beunruhigen können? Können Sie eine banale Sorge oder eine alltägliche Furcht in eine wirklich unglücklich machende Angst umwandeln?
Wenn nicht, kann Ihnen das beigebracht werden. Der erste Schritt ist, zu lernen, wie man eine dreidimensionale Beunruhigung auswählt.

Die Kunst, eine dreidimensionale Beunruhigung auszuwählen

Einige Beunruhigungen sind einfach kein gutes Material für Ängste. Zum Beispiel gibt es wenig Grund, sich vor einem Zahnarztbesuch und der Entdeckung von Löchern in den Zähnen zu fürchten, wenn Sie: (a) vor den Verlockungen der Zwischenmahlzeit auf der Hut sind und oft mit einer Karies vorbeugenden Zahnpasta putzen, dies alles im Rahmen eines gewissenhaft angewandten Programms der Mundhygiene und bei regelmäßiger professioneller Betreuung, oder (b) keine Nervenenden im Mund haben oder (c) ein Gebiss tragen.

Nein, wenn eine Befürchtung eine dreidimensionale Beunruhigung werden soll, muss sie drei wichtige Bedingungen erfüllen bzw. drei Dimensionen aufweisen:

Dimension 1: *Wenn sich Ihre Befürchtung bewahrheitet, werden Sie es schwer büßen müssen.*
Dimension 2: *Es müssen einige Anzeichen vorhanden sein, dass sich Ihre Befürchtung bewahrheiten WIRD.*
Dimension 3: *Es muss eine beträchtliche Wartezeit verstreichen, ehe Sie herausfinden können, ob sich Ihre Befürchtung bewahrheitet.*

Medizinisch begründete Furcht gehört zu den vielversprechendsten. Lassen Sie uns aber aus Gründen der Anschaulichkeit etwas Unheilvolleres als ein mögliches Loch im Zahn auswählen. Lassen Sie uns beispielsweise die Befürchtung aussuchen, dass Sie an einer obskuren, aber tödlichen Krankheit leiden. Könnte diese Furcht eine dreidimensionale Beunruhigung werden? Sie könnte, vorausgesetzt, die von Ihnen ausgewählte Krankheit besteht bestimmte Tests.

Dimension 1: Haben Sie eine Krankheit ausgewählt, die nicht nur gefährliche Komplikationen nach sich ziehen kann, sondern die zugleich von gewisser Dauer, kostspielig und schmerzhaft ist sowie eine demütigende Behandlung erfordert?
Dimension 2: Haben Sie eine Krankheit ausgewählt,

deren erste Symptome so allgemein sind, dass man sie bei jeder gewöhnlichen Erkältung oder jedem verdorbenen Magen finden kann?

Dimension 3: Haben Sie eine Krankheit ausgewählt, deren Bestätigung es erfordern würde, dass Sie nicht zur Arbeit gehen und sich einige Tage lang Untersuchungen in der Klinik unterziehen?

Wenn Sie all diese Fragen mit »Ja« beantworten können, dann haben Sie eine wirklich dreidimensionale Beunruhigung zur Hand und können diese nun zu einer erstklassigen Angst weiterentwickeln.

Lassen Sie uns aber annehmen, dass Sie kein solches Glück haben – dass Ihre Befürchtung eine oder sogar zwei unserer Voraussetzungen nicht erfüllt hat. Seien Sie nicht traurig. Sie können den fehlenden Bedingungen immer noch abhelfen, vorausgesetzt, Sie verfügen über die äußerst wichtige Kraft des negativen Denkens.

Die Kraft des negativen Denkens

Negatives Denken ist die Fähigkeit, sich ein kleines Liebesnest vorzustellen, an das sich Rosen schmiegen, und dabei nur Hypothekenzahlungen und Rosenkrankheiten im Kopf zu haben. Es ist die Fähigkeit, Trübsinn zu kultivieren, immer auf der *düsteren* Seite des Lebens zu wandeln und Sorgen *nicht* an der Türschwelle zurückzulassen.

Einige Menschen sind mit dieser Kraft des negativen Denkens geboren. Einige – wie Juristen – entwickeln sie während langer Jahre intensiven Trainings. Jeder Jurist kann Ihnen jedes erdenkliche Übel nennen, das sich entweder ereignet *hat* oder das jemandem in Ihrer Situation zustoßen *könnte*, ganz gleich in welcher Situation auch immer Sie sich befinden.

Da es für Sie jedoch nicht möglich sein wird, jederzeit einen Juristen bei sich zu haben, müssen Sie lernen, sich in all den verschiedenen Situationen all die katastrophalen Möglichkeiten selbst vorzustellen.

Lassen Sie uns nun zu Ihrer Beunruhigung zurückkehren, wirklich schwer krank zu sein.

Nehmen wir einmal an, Ihre Unfähigkeit, allen Voraussetzungen für eine dreidimensionale Beunruhigung zu genügen, rührt von der Tatsache her, dass Sie sich innerhalb der letzten drei oder vier Monate einem Gesundheitscheck unterzogen haben und völlig gesund waren. Macht dies Ihre Situation hoffnungslos unbedrohlich?

Natürlich nicht. Zunächst einmal, wie können Sie sicher sein, dass nicht *seit* der Untersuchung irgendetwas Ernsthaftes eingetreten ist?

Zum Zweiten, wie können Sie sicher sein, dass Sie nicht vergaßen, dem Arzt ein Symptom mitzuteilen, etwas, von dem Sie zu diesem Zeitpunkt nicht im Traum gedacht hätten, dass es der Erwähnung wert sei, das aber jeder medizinisch Geschulte sofort als entscheidendes Symptom wahrgenommen hätte?

Oder sogar angenommen, dass Sie dem Arzt nichts Relevantes mitzuteilen versäumten, wie können Sie absolut sicher sein, dass er kompetent genug war, die

Informationen, die Sie ihm gegeben haben, korrekt zu interpretieren?

Oder, sogar weiter angenommen, er war kompetent, wie können Sie sicher sein, dass er eine *vollständige* körperliche Untersuchung vorgenommen hat? Wie vollständig muss ein vollständiger Gesundheitscheck sein? Könnte es da nicht eine Untersuchung gegeben haben – vielleicht die entscheidende, die Ihre Krankheit aufgedeckt hätte –, die er nicht für notwendig erachtet hatte, an Ihnen durchzuführen, weil diese Krankheit zu selten und die Untersuchung zu lästig ist?

Hat er beispielsweise von Ihnen eine vollständige Serie von Röntgenaufnahmen gemacht, einschließlich bestimmter Spezialaufnahmen? Wenn nicht, wäre das vielleicht die einzige Möglichkeit gewesen, die Sie hätte retten können.

Oder sagen wir, er *hat* diese Röntgenaufnahmen gemacht, aber keinen Anlass zur Beunruhigung gefunden. Wie können Sie sicher sein, dass er nicht weggegangen ist, während das Röntgengerät lief, so dass infolgedessen die Aufnahme verwackelt ist und die feinen, verräterischen Anzeichen Ihrer Beschwerden verborgen geblieben sind?

Oder sagen wir, Sie sind sich sicher, dass Sie sich nicht bewegt haben, während die Aufnahme gemacht wurde. Wie können Sie sicher sein, dass Ihre Röntgenaufnahmen nicht versehentlich mit denen einer gesunden Person von einem jungen Praktikanten in der Dunkelkammer vertauscht worden sind, der gleichzeitig Pornofilme entwickelte?

Kurz und gut, es gibt keine Situation, die nicht unter Einsatz von ein wenig kreativem negativen Denken in eine echte dreidimensionale Beunruhigung verwandelt werden könnte.*

Die Kunst, Ihre Beunruhigung reifen zu lassen

Gute Beunruhigungen sind wie gute Weine: Sie sind am besten, wenn sie richtig gereift sind. Um Ihre neu ausgebildete dreidimensionale Beunruhigung richtig reifen zu lassen, verweilen Sie bei den unangenehmsten Ereignissen, die eintreten könnten, wenn Ihre Befürchtung sich bewahrheitet; geben Sie sich die Schuld dafür, dass Sie die Situation so weit haben fortschreiten lassen; denken Sie über Möglichkeiten nach, wie Sie die Situation hätten verhindern können.

Wenn Ihre Beunruhigung richtig gereift ist, sind Sie bereit, diese in eine erstklassige Angst zu verwandeln.

Von Beunruhigungen zu Ängsten

Wie können Sie mit Ihrer Beunruhigung, an einer unentdeckten Krankheit zu leiden, diese letzte Hürde

---

* Was ebenso möglich ist: Ihr Arzt hat herausgefunden, dass Sie an einer unheilbaren Krankheit leiden, und entschieden, es Ihnen nicht mitzuteilen.

nehmen und sie in eine erstklassige Angst transformieren? Befolgen Sie einfach die folgenden drei Schritte:

Schritt 1: Finden Sie heraus, was die einzige Möglichkeit wäre, anhand derer Sie überprüfen könnten, ob Ihre Befürchtungen gerechtfertigt sind.

Schritt 2: Finden Sie heraus, warum Sie diese Überprüfung unmöglich vornehmen können.

Schritt 3: Finden Sie heraus, warum das Verharren in Untätigkeit für Sie gleichfalls unmöglich ist.

Lassen Sie uns sehen, wie wir diese Schritte auf Ihre Beunruhigung anwenden können.

Schritt 1: Offensichtlich ist der einzige Weg herauszufinden, ob Ihre Befürchtung bezüglich der Krankheit gerechtfertigt ist, sich in diese unangenehme zwei- oder dreitägige Untersuchung in der Klinik zu fügen.

Schritt 2: Es gibt zahlreiche Gründe, warum Sie den Weg des Handelns nicht beschreiten können. Wir brauchen nur an die Bedrohung zu erinnern, dass etwas herausgefunden wird, was Sie nicht wissen wollen, oder an die unbestreitbare Unmöglichkeit, für ein paar Tage der Arbeit fernzubleiben, um in die Klinik gehen zu können, obwohl Ihnen doch wahrscheinlich überhaupt nichts fehlt. Und denken Sie nur daran, in was für einer peinlichen Lage

Sie nach all der Aufregung sein werden, wenn sich herausstellt, dass sie absolut gesund sind.*

Schritt 3: Natürlich, wenn Sie krank *sind* und sich nur zurücklehnen und nichts dagegen tun, wird es sehr bald zu spät sein, überhaupt noch irgendetwas zu unternehmen – der Weg der Untätigkeit ist also gleichfalls undenkbar. Was sollen Sie tun? Was auch immer es ist, Sie müssen Ihre Entscheidung schnell treffen. Sie wissen ja nicht einmal, wie viel Zeit Ihnen noch bleibt, und die Uhr läuft gegen Sie.

Da Sie nun erfolgreich sowohl jedes Handeln als auch Untätigkeit unmöglich gemacht haben, haben Sie automatisch ein elementares Gefühl, bekannt als Aufregung an der Grenze zum Wahnsinn**, produziert und bei der Gelegenheit die Umwandlung in eine Angst komplettiert – denn: eine reife dreidimensionale Beunruhigung (3DBr) plus Aufregung an der Grenze zum Wahnsinn (AGW) sind alles, was Sie brauchen, um eine erstklassige Angst (EKA) zustande zu bringen. Oder, um es auf eine wissenschaftliche Formel zu bringen: 3DBr + AGW = EKA.

---

* Sollten Sie je weich werden und entscheiden, einen Arzt zu kontaktieren, können Ihre Symptome plötzlich verschwinden. Lassen Sie sich dadurch nicht beunruhigen. Sobald die Gelegenheit vorüber und es nicht länger möglich ist, den Arzt zu kontaktieren, werden Ihre Symptome zurückkehren.

** Ein interessanter Bonuseffekt von Aufregung an der Grenze zum Wahnsinn ist: Sie kann tatsächlich die *Ursache* dafür sein, dass Ihre Befürchtung wahr wird – speziell im unteren Verdauungstrakt.

Übung in Sachen Angst

Arrangieren Sie eine wichtige Geschäftsreise in eine andere Stadt, eine Reise, die große Bedeutung für Ihre berufliche Zukunft haben könnte.

Reservieren Sie sich einen Platz in der 8-Uhr-Maschine. Finden Sie heraus, wie lange Sie genau brauchen, um von Ihrem Haus zum Flughafen zu fahren, den Wagen auf dem Flughafenparkplatz abzustellen und an Bord des Flugzeugs zu gehen.

Nehmen wir einmal an, es dauert genau eine Stunde von Tür zu Tür.

Steigen Sie in der Nacht vor Ihrer Reise in Ihren Wagen und fahren Sie so lange um den Block, bis die Benzinanzeige einen Strich über »leer« anzeigt.

Verlassen Sie Ihr Haus am nächsten Morgen exakt um 7 Uhr.

Wenn auf der Straße nicht viel Verkehr ist und Sie keine Verzögerungen zu erwarten haben, besteht eine sehr gute Chance, dass Sie Ihre Maschine rechtzeitig erreichen. *Wenn Ihnen aber unterwegs das Benzin ausgeht oder Sie an einer Tankstelle halten, dann werden Sie Ihre Maschine mit Sicherheit versäumen.*

Wenn Sie sich selbst zu viel Zeit oder zu viel Benzin zugestanden haben, sind Sie ein armer Kerl und werden keine Angst zustande bringen. Wenn Sie sich allerdings zu *wenig* Zeit oder Benzin zugestanden haben, haben Sie das Versäumen des Flugzeugs unvermeidlich gemacht und sich den Spaß an der Jagd genommen.

Aber wenn Sie diese Übung mit der vernünftigen

Dosis Sorgfalt geplant haben, werden Sie eine ganze Stunde herrlicher Selbstquälerei und Aufregung an der Grenze zum Wahnsinn genießen können – eine sechzigminütige Portion von vollkommenem persönlichen Unglück.

Quiz zum negativen Denken

Frage: Welche der folgenden Sportarten sind sicher, und welche sind gefährlich?
 (a) Angeln
 (b) Fallschirmspringen
 (c) Damespiel
 (d) Golf
 (e) Flohhüpfen
 (f) Schwimmen
 (g) Tischtennis
 (h) Jagen
 (i) Hufeisenweitwurf

Antworten:
 (a) Gefährlich. Eine wahnsinnig riesige Wasserschildkröte könnte Sie angreifen und versuchen, Sie in ihren Panzer zu ziehen.
 (b) Gefährlich. Gerade wenn Sie sich zum Absprung fertig machen, könnten Sie stolpern, rückwärts ins Flugzeug fallen und sich ihren Kopf anschlagen.
 (c) Gefährlich. Bei der Ausführung eines vierfachen Sprungs über das Spielbrett könnten Sie

von Ihrem Stuhl fallen und sich eine Rippe brechen.
(d) Gefährlich. Sie könnten im Treibsand versinken, während Sie einen Ball von einem Sandhindernis zurückholen.
(e) Gefährlich. Ein Floh könnte von der Mauer abprallen und Ihr Auge verletzen, oder er könnte für immer unter Ihrem Daumennagel stecken bleiben.
(f) Gefährlich. Eine Seemöwe könnte eine schwere Muschel auf Sie fallen lassen und Ihren Kopf zertrümmern.
(g) Gefährlich. Während Ihr Mund geöffnet ist, könnte ein Tischtennisball in Ihren Schlund fliegen und Sie ersticken.
(h) Gefährlich. Sie könnten von einem liebeskranken Elch sexuell belästigt werden.
(i) Gefährlich. Sie könnten sich von einem nicht sterilen Pferdehufeisen die Maul- und Klauenseuche zuziehen.

KAPITEL 2: SIEBEN KLASSISCHE UNGLÜCK ERZEUGENDE SITUATIONEN

Den meisten der folgenden Unglück erzeugenden Situationen waren Sie bereits früher einmal ausgesetzt. Weil Sie aber damals dieses Buch noch nicht gelesen hatten, ist es zweifelhaft, ob Sie in der Lage waren, aus diesen Situationen mehr als oberflächlichen Schmerz zu gewinnen.

Wenn Sie sich diese Situationen jetzt vergegenwärtigen, gewappnet mit den Techniken, die wir Ihnen bereits beigebracht haben, sehen Sie, wie viele Ihrer ganz persönlichen Beunruhigungen Sie dieser elementaren Liste noch hinzufügen und wie viele Sie davon in eine erstklassige Angst verwandeln können.

Situation 1: Grundlegende Beunruhigungen bei nächtlichen Geräuschen

Nachts, wenn die Wärme aus den Wänden Ihres Hauses entweicht und die verschiedenen Fugen und Streben und Hölzer sich zusammenziehen, und später, während der Stunden der Morgendämmerung, wenn sich dieselben Fugen und Streben und Hölzer ausdehnen, hören Sie wahrscheinlich eine ganze Anzahl von kuriosen knarrenden Geräuschen.

Sie sollten dazu in der Lage sein, sich selbst davon zu überzeugen, dass diese Geräusche auf einen oder mehrere der folgenden Punkte zurückzuführen sind:

(1) Ein abscheulich aussehender Krimineller, der Sie ausrauben und niederstechen wird.
(2) Ein abscheulich aussehender Verrückter, der gerade aus einem Irrenhaus geflohen ist und Sie jetzt ausrauben und niederstechen wird.
(3) Ein abscheulich aussehender Unhold, Vampir, Zombie oder Außerirdischer, der Sie ausrauben und niederstechen wird.
(4) Ein abscheulich aussehender Mann aus dem Finanzamt, der Diskrepanzen in Ihrer Steuererklärung aufdecken wird.

Situation 2: Grundlegende Beunruhigungen beim Schenken und Beschenktwerden

Wenn Sie für andere Menschen ein Geschenk kaufen, beunruhigen Sie sich wegen folgender Punkte:

(1) Sie haben es bereits.
(2) Sie haben es nicht nur bereits, sie hassen es.
(3) Das Geschenk, das sie mir machen, wird viel teurer sein, und meines wird neben dem ihren billig aussehen.
(4) Sie werden mir überhaupt nichts schenken.
(5) Sie werden mir etwas schenken, das ich bereits habe, oder etwas, das ich hasse, und wenn ich ins Kaufhaus gehe, um es umzutauschen, werde ich ihnen am Umtauschtresen in die Arme laufen.

Situation 3: Grundlegende Beunruhigungen beim Warten

Woran Sie denken können, während Sie auf das Ergebnis eines Vorstellungsgesprächs warten:

(1) Ich habe zu viel Geld verlangt.
(2) Ich habe zu wenig Geld verlangt.
(3) Ich erschien zu eifrig.
(4) Ich erschien nicht eifrig genug.
(5) Ich habe so einen guten Job nicht verdient.

Woran Sie denken können, während Sie auf jemanden warten, der zu spät zu einer Verabredung kommt:

(1) Ich warte am falschen Ort.
(2) In letzter Minute hat sich ein Unglück ereignet, er kann nicht kommen und weiß nicht, wie er mich erreichen kann.
(3) Er kommt wahrscheinlich nicht. Er hatte wahrscheinlich nie vor zu kommen.
(4) Jeder, der hier vorbeigeht, weiß, wie lange ich schon warte, und lacht sich ins Fäustchen.
(5) Ich war selbst ein bisschen zu spät, er war schon da und ist wieder gegangen.

(Für weitere Informationen zu diesem Gebiet konsultieren Sie bitte den Abschnitt *Warten auf einen Telefonanruf* in Kapitel 6.)

Situation 4: Grundlegende Beunruhigungen bei Urlaubsreisen

Wenn Sie in Ihrem eigenen Land Urlaub machen:

(1) Stellen Sie sich die Haustür vor, die Sie wahrscheinlich vergessen haben abzuschließen, und all die Leute, die nun Ihr Wohnzimmer bevölkern und eine Orgie feiern.
(2) Stellen Sie sich den Wasserhahn vor, den Sie wahrscheinlich vergessen haben abzudrehen, und das Wasser, das über den Rand des Waschbeckens oder der Badewanne herab-

stürzt, sich im Rest des Hauses verbreitet, Ihre Teppiche überflutet, dann Ihre Möbel, dann Ihre Kleidung und schließlich durch Ihre Fenster hinausströmt und sich auf die Straße ergießt.

(3) Stellen Sie sich die Lampen oder den Herd vor, die Sie wahrscheinlich vergessen haben auszuschalten, die Überhitzung des elektrischen Kreislaufs oder die Zunahme an Gas, das unvermeidliche Flammenmeer und die Explosion.

(4) Stellen Sie sich Ihre Türschwelle vor, wo sich die Milchlieferungen, die Sie wahrscheinlich vergessen haben abzubestellen, häufen und leise zu 14 Liter warmem Hüttenkäse gerinnen.

(5) Stellen Sie sich Ihren Arbeitsplatz vor, wo während Ihrer Abwesenheit das absolute Chaos ausbricht.

(6) Stellen Sie sich Ihren Arbeitsplatz vor, wo während Ihrer Abwesenheit alles noch gemächlicher geht als sonst.

Wenn Sie Ihren Urlaub im Ausland verbringen, konzentrieren Sie sich auf folgende Ideen:

(1) Irgendjemand wartet darauf, sich meine Fotoausrüstung zu schnappen.
(2) Irgendjemand hat meinen Koffer durchwühlt.
(3) Hatte ich sieben Gepäckstücke *mit* oder *ohne* die Fototasche?

(4) Ich verstehe zwar nicht, was sie sagen, aber sie machen sich offensichtlich über mich lustig.

(5) Als sie realisierten, dass ich Ausländer bin, ist der Preis in die Höhe geschnellt. Außerdem gab ich ein Trinkgeld, obwohl die Bedienung wahrscheinlich schon inklusive war.

(6) Der Taxifahrer macht einen Umweg, und der Ort, zu dem ich möchte, ist wahrscheinlich nur um die Ecke.

(7) Mir ist schwindlig, das bedeutet, ich bin wahrscheinlich krank, denn, obwohl ich das Wasser nicht getrunken habe, habe ich mir damit die Zähne geputzt, und liege jetzt mit einer sonderbaren fremden Krankheit herum, die der Arzt, der meine Sprache nicht spricht, nicht korrekt diagnostizieren wird, und demzufolge werde ich alleine in einem fremden Land sterben.

Situation 5: Grundlegende Beunruhigungen bei Dinnerpartys

Wenn Sie selbst eine Einladung aussprechen:

Machen Sie sich Sorgen, dass niemand der Eingeladenen kommen wird, dass es zu wenig Essen geben wird, dass es *zu viel* Essen geben wird, dass die Gäste das Essen nicht *mögen* werden, dass sich die Leute nicht untereinander mischen werden, dass sie Ihre guten Gläser zerbrechen werden, dass sie etwas auf den

Teppich gießen werden, dass sie etwas stehlen werden oder dass sie auf Ihren Hund oder Ihre Katze oder Ihr Kind treten werden.

Wenn Sie in das Haus eines anderen eingeladen sind:
Machen Sie sich Sorgen, dass Sie sich nicht mehr an die Namen der Leute erinnern können, die Sie schon einmal getroffen haben, dass sich die Leute, die Sie schon einmal getroffen haben, nicht mehr an *Ihren* Namen erinnern können, dass sich niemand mit Ihnen unterhalten wird, dass Sie etwas ausgießen oder etwas zerbrechen werden, dass Sie nicht leiden können, was serviert wird, oder dass Sie allergisch darauf sind und Sie entweder die Gastgeberin beleidigen müssen, indem Sie es nicht essen, oder es essen und danach krank werden.

Spezielle Gedanken für den fortgeschrittenen Abend:
Wenn Sie im Haus eines anderen sind, wechseln Sie ab zwischen den Gedanken (1) der Gastgeber wünscht, dass Sie endlich gehen, und (2) der Gastgeber würde schrecklich gekränkt sein, wenn Sie so früh gingen. Sagen Sie ihm, dass es jetzt für Sie Zeit wird heimzugehen, und warten Sie ab, ob man Sie zum Bleiben überreden will.

Wenn Sie selbst der Gastgeber sind und einer Ihrer Gäste sagt, dass es für ihn nun Zeit wird heimzugehen – auch wenn er es möglicherweise nur in der Hoffnung sagt, dass Sie ihn zum Bleiben überreden –, befürchten Sie, dass er gehen will, weil er sich langweilt, und überreden Sie ihn nicht, zu bleiben.

Situation 6: Grundlegende Beunruhigungen bei kleineren Gesetzesverstößen

Jedes Mal, wenn Sie etwas Illegales tun – wie etwa bei Rot über die Ampel fahren oder Abfall auf die Straße werfen oder an einer falschen Stelle die Straße überqueren oder sich heimlich in eine Veranstaltung schmuggeln oder in zweiter Reihe parken oder Marihuana rauchen oder Einkäufe nicht beim Zollbeamten deklarieren oder bei der Einkommenssteuererklärung schwindeln –, denken Sie Folgendes:

(1) Jeder weiß es. Jeder sieht mich an.
(2) Man wird mich erwischen. Ständig machen es Millionen Menschen, aber *mich* werden sie erwischen.
(3) Die Geschichte wird in allen Zeitungen stehen und in die Personalakten eingehen, die jeden für immer begleiten, und für den Rest meines Lebens wird mich jeder zukünftige Arbeitgeber oder Kreditmanager oder Polizist in der Welt vom Sehen kennen.

Situation 7: Grundlegende Beunruhigungen beim Fliegen

Wir möchten Ihnen aus zwei wichtigen Gründen sehr empfehlen, mit Linienfluggesellschaften zu fliegen.

Zum Ersten ist es eine hervorragende Gelegenheit für Sie als Anfänger, Ihre Techniken der Angsterzeugung zu praktizieren, da jede Furcht vor einem Absturz unverzüglich alle Anforderungen für eine dreidimensionale Beunruhigung (oder vielleicht sogar für eine erstklassige Angst), wie in Kapitel 1 ausgeführt, erfüllen wird.

Zum Zweiten werden Sie niemals in einer besseren Lage sein, so viele Masochistenkollegen zur gleichen Zeit zu treffen, da jeder, der mit einem Flugzeug reist, Angst vor dem Fliegen hat, und da jeder in Ihrem Flugzeug (es sei denn, Sie entdecken irgendwo in der Kabine Handschellen oder einen Revolver) ein sichereres Transportmittel abgelehnt hat und aus eigener Entscheidung anwesend ist.

Von dem Moment, da Sie Ihre Reservierung machen, bis zu dem Moment, da Sie an Bord gehen, ist die grundlegende Angst: Für welche Maschine auch immer Sie reserviert haben, sie ist diejenige, die abstürzen wird. Der einzige Weg, dieses Schicksal zu vermeiden, ist, die Reservierung auf ein anderes Flugzeug zu ändern. Natürlich ist Ihnen das zu peinlich. (Wenn Sie tatsächlich genug Mumm haben, um auf ein anderes Flugzeug zu wechseln, dann ist die Angst: Nicht die Maschine, *von* der Sie gewechselt haben, sondern die Maschine, *zu* der Sie gewechselt haben, wird abstürzen.)

Wenn Sie sich erst an Bord des Flugzeugs befinden, nachdem die große Stahltür geschlossen wurde, aber bevor die Maschine wirklich abhebt, ist die grundlegende Angst: Es ist noch nicht zu spät! Sie könnten immer noch veranlassen, dass man die Tür öffnet und Sie hinauslässt. Aber das werden Sie nicht tun – denn, obwohl Sie wissen, dass diese Maschine nie ihren Bestimmungsort erreichen wird, möchten Sie lieber dem Tod ins Auge sehen, als sich lächerlich zu machen.

Während des Flugs und in einigen Fällen sogar, kurz bevor Sie an Bord gehen, werden Ihnen vom Flugpersonal eine Anzahl indirekter und ominöser Botschaften übermittelt. Um die Botschaften gut verstehen und auswerten zu können, müssen Sie diese in eine unmissverständliche Sprache übersetzen.

WAS SIE SAGEN	WAS SIE MEINEN
(1) Sehr geehrte Damen und Herren, aufgrund kleinerer Schwierigkeiten wird es zu einer geringfügigen Verspätung beim Boarding kommen.	(1) Eine unserer Tragflächen war kurz davor abzufallen, und die Crew braucht Zeit, um sie mit durchsichtigen Klebestreifen wieder am Flugzeug zu befestigen.

(2) Bitte schließen Sie die Sicherheitsgurte und beachten Sie das Rauchverbot, da wir mit kleineren Turbulenzen rechnen müssen.

(3) Wenn Sie aus den Fenstern zu Ihrer Linken blicken, können Sie den Stadtrand von Indianapolis sehen.

(4) Sehr geehrte Damen und Herren, in acht bis zehn Minuten werden wir landen. Ich möchte mich schon jetzt von Ihnen verabschieden und Ihnen – auch im Namen der Crew – dafür danken, dass wir Sie an Bord begrüßen durften.

(2) Der Klebestreifen hat nicht gehalten, und die Tragfläche ist abgefallen.

(3) Die *rechte* Tragfläche ist abgefallen.

(4) Die Crew braucht noch ein wenig Zeit, um sich die Fallschirme anzuschnallen und abzuspringen.

Quiz:

Frage 1: Ist der sicherste Platz in einem Flugzeug:

(a) vor dem Motor bei einem Jumbojet und hinter ihm bei einer Propellermaschine?
(b) hinter dem Motor bei einem Jumbojet und vor ihm bei einer Propellermaschine?
(c) in der Nähe der Tragflächen?
(d) wo die Stewardessen sitzen?

Antwort: Es gibt *keinen* sicheren Platz in einem Flugzeug.

Frage 2: Wenn Sie Ihren Bestimmungsort erreichen, sollten Sie:

(a) sofort Ihre Flugversicherung für den Rückflug verdoppeln?
(b) sofort Ihren Rückflug stornieren und das Ticket in eine Bahn- oder Schifffahrkarte umwandeln?
(c) versuchen herauszufinden, ob Sie sich, um bei der Heimreise jede Art von möglicherweise riskantem Transport zu vermeiden, nicht einfach in der Stadt, in der Sie gelandet sind, niederlassen können?

Antwort: Was verleitet Sie zu der Annahme, dass Sie Ihren Bestimmungsort erreichen *werden*?

KAPITEL 3: SICH WEGEN DER VERGANGENHEIT, DER GEGENWART UND DER ZUKUNFT SCHLECHT FÜHLEN

Beste Bedingungen für das Grübeln

Wenn es Ihnen damit ernst ist, sich schlecht zu fühlen, werden Sie keinen schlimmeren Feind treffen als konstruktive Aktivität und keinen besseren Freund als absolute Passivität.

Passivität ist der fruchtbare Boden, in dem die Saat der Verzweiflung und des Selbstmitleids aufgeht. Wenn Sie überhaupt nichts tun – auf einem unbequemen Holzstuhl sitzen und aus dem Fenster sehen oder im Bett liegen und an die Decke starren –, haben Sie ideale Voraussetzungen geschaffen, um über all das Unglück zu brüten, das Ihnen jemals widerfahren ist, all die Unzulänglichkeiten, die Sie jemals in Ihrer Persönlichkeit oder Ihrer Erscheinung entdeckt haben, und all die Möglichkeiten, sich wegen Ihrer Vergangenheit, Gegenwart und Ihrer Zukunft schlecht zu fühlen.

Gibt es einen Zeitpunkt, mögen Sie vielleicht fragen, einen besonders günstigen Zeitpunkt, das Grübeln zu vervollkommnen? Den gibt es in der Tat.

Sonntagnachmittag

Der beste Zeitpunkt der Woche, um zu grübeln, ist der Zeitpunkt größter Inaktivität – Sonntagnachmittag.

Montag bis Freitag sind zum Grübeln nicht besonders gut geeignet, denn während der Woche sind Sie in Ihrem engen Arbeits- oder Studienzeitplan eingespannt und haben dafür einfach keine Zeit. Außerdem freuen Sie sich auf das Wochenende. Die tollsten Dinge könnten sich am Wochenende ereignen, und je näher es rückt, desto weniger fühlen Sie sich zum Grübeln aufgelegt. (Generell ist der späte Freitagnachmittag ungefähr der schlechteste Zeitpunkt der Woche, um irgendein ernsthaftes Grübeln zu bewerkstelligen.)

Am Samstagmorgen mag Sie eine dunkle Ahnung beschleichen, dass die Freitagnacht nicht so toll war, wie Sie gehofft hatten. Aber Sie werden nicht viel Zeit haben, in diesem Moment weiter darüber nachzudenken, weil Sie noch eine Menge Besorgungen zu machen haben, bevor die Läden schließen, und weil Sie sich natürlich immer noch auf den Höhepunkt des Wochenendes freuen – Samstagnacht.

Am Sonntagnachmittag jedoch ist alles vorbei. Jede Hoffnung ist tot. Es gibt nichts mehr, auf das man sich noch freuen könnte, ausgenommen die trübe Aussicht auf Montagmorgen und eine weitere ganze Woche voll Schinderei in einer Arbeit oder in einer Schule, die Sie verabscheuen. Das Wochenende kann – wie auch Ihr ganzes Leben – nun endlich aus der richtigen Perspektive betrachtet werden: eine kolossale Enttäuschung, eine gigantische Antiklimax. Am Sonntagnachmittag sind Sie endlich frei, über all die glorreichen Zeiten nachzugrübeln, von denen Sie annahmen, dass sie sicher vor Ihnen liegen würden, die jedoch niemals anbrachen.

Ja, Sonntagnachmittag ist ein wunderbarer Zeitpunkt, um zu grübeln. Aber so wunderbar der Sonntagnachmittag auch sein mag, es gibt einen anderen Zeitpunkt, der sogar noch besser geeignet ist.

Gewiss die allerbeste Zeit zum Grübeln und für Selbstmitleid ist der alljährlich wiederkehrende Schnittpunkt von Vergangenheit, Gegenwart und Zukunft, die jährliche Orgie der Selbstgeißelung – der Silvesterabend.

Der Silvesterabend

Hurra! Alles, was mit dem Silvesterabend zusammenhängt, ist ideal dafür geeignet, sich schlecht zu fühlen. Wenn Thanksgiving vorüber ist, darf man damit beginnen, sich vor der Ankunft des Abends des 31. Dezembers zu fürchten.

Einige der Dinge, auf die Sie sich freuen können, sind: (1) die unausweichliche Unmöglichkeit, in irgendeinem guten Restaurant oder für irgendeine gute Vorstellung eine Reservierung zu bekommen; (2) die Aussicht, wiederholt von betrunkenen Nachtschwärmern angerempelt zu werden oder von betrunkenen Autofahrern zum Krüppel gemacht zu werden; (3) die Demütigung, 15 oder 30 Dollar pro Person für ein

Glas billigen Champagners, die Nachahmung eines TV-Dinners und zwei Partygeschenke aus einem Ramschladen zu bezahlen.

Wenn Sie nicht verheiratet oder anderweitig liiert sind, sei Ihnen die zusätzliche Befürchtung gestattet, dass Sie mit einer Verabredung enden, mit der es Ihnen peinlich ist, gesehen zu werden – oder dass es Ihnen nicht möglich sein wird, überhaupt eine Verabredung zu treffen.

Wenn die große Nacht gekommen ist, können Sie entweder: (1) sich freiwillig aus Ihrem Freundeskreis verbannen und sich alleine schlecht fühlen oder (2) sich einen lustigen Partyhut aufsetzen und mit dem Rest der Gruppe zu viel trinken, Ihr Grübeln auf den nächsten Tag verschieben, wo Sie mehr als genug Gelegenheit haben werden, Ihr Verhalten zu bedauern und krank zu sein.

Ganz gleich, welchen Weg Sie wählen, die Gelegenheit wird Sie mit einer Fülle von hervorragendem Grübelmaterial ausstatten – wie etwa all die Dinge, von denen Sie sich am letzten Silvesterabend versprochen haben, sie in dem Jahr, das gerade zu Ende gegangen ist, auszuführen, und wie etwa die Tatsache, dass Sie jedes Jahr dem kleinen Kind mit der Windel und der Fahne über dem Brutkasten weniger ähneln und dafür mehr wie der alte Mann mit dem Bart, dem Stundenglas und der Sense aussehen.

Also, zwischen den Silvesterabenden, den Sonntagnachmittagen und sonstigen zusätzlichen Zeiträumen, die Sie sich regelmäßig dafür reservieren können, sollten Sie es fertig bringen, eine Menge zu grübeln – natürlich vorausgesetzt, dass Sie diese kostbare Zeit von jeder konstruktiven Aktivität freihalten können.

Sollten Sie jemals versucht sein, irgendeine Form von konstruktiver Aktivität zu beginnen – wie etwa, sich um einen besseren Job zu kümmern, jemanden des anderen Geschlechts zu treffen, einem Hobby nachzugehen, an einem Wettkampf teilzunehmen, ein Kaufmann in eigener Sache zu werden oder aus dem Bett zu steigen, um Frühstück zu machen –, wenden Sie sich schnell an die folgende Liste. Lesen Sie sich diese wiederholt laut vor, und fahren Sie damit so lange unbeirrt fort, bis jede Verlockung seitens einer konstruktiven Aktivität vergangen ist.

Siebzehn elementare pessimistische Weltanschauungen

(1) Ich kann das nicht.
(2) Ich kann niemals etwas richtig machen.
(3) Ich habe das größte Pech auf der Welt.
(4) Ich habe keine Chance, also warum sollte ich es versuchen?
(5) Ich habe zwei linke Hände.
(6) Ich würde mich nur verletzen.
(7) Es kann niemals funktionieren.
(8) Es steht nicht in den Sternen.
(9) Es wurde niemals zuvor gemacht.

(10) Es geht nicht darum, wer du bist, es geht darum, wen du kennst.
(11) Jetzt ist es zu spät.
(12) Es ist später, als du denkst.
(13) Im Grab nützt Dir aller Reichtum nichts mehr.
(14) Was könnte dabei schon Gutes herauskommen?
(15) Die Zeche muss gezahlt werden.
(16) Der Lohn der Sünde ist der Tod.
(17) Der Weg des Ruhmes führt jedoch ins Grab.

Also, was ist der Nutzen? Was immer es ist, Sie sollten es besser vergessen.

Sie könnten einfach nicht damit umgehen. Sie würden nicht wissen, was Sie tun sollen. Sie würden nicht wissen, was Sie sagen sollen. Sie würden es verpfuschen, und alle würden Sie auslachen. Vielleicht könnten Sie es irgendwann in der Zukunft einmal in Angriff nehmen. Vielleicht könnten Sie es versuchen, nachdem Sie Gelegenheit hatten, sich ein wenig mehr vorzubereiten. Aber nicht jetzt. Besser abwarten. Besser verschieben. Besser sich zurückziehen.

Wenn konstruktive Aktivität also keine Versuchung mehr darstellt, lassen Sie uns einen Blick auf einige der Dinge werfen, mit denen Sie sich selbst aufgrund Ihrer Vergangenheit, Ihrer Gegenwart und Ihrer Zukunft quälen können.

Die Kunst, sich aufgrund der Vergangenheit schlecht zu fühlen

Das Geheimnis, sich aufgrund der Vergangenheit wirklich schlecht zu fühlen, liegt in dem Vermögen, alles zu bereuen, was Sie jemals getan haben, und alles, was Sie jemals versäumten zu tun, angefangen vom Augenblick Ihrer Geburt bis vor fünf Minuten.

Die folgenden Vorschläge sollen Sie zu Ihrer eigenen, ganz persönlichen Liste des Bedauerns anregen:

(1) Ich hätte heiraten sollen, als ich die Gelegenheit dazu hatte.
(2) Ich hätte nicht so jung heiraten sollen.
(3) Ich hätte nicht zulassen sollen, dass meine Götterspeise mit Schlagsahne garniert wird.
(4) Ich hätte mich um mehr Geld bemühen sollen.
(5) Ich hätte dieses Angebot akzeptieren sollen.
(6) Ich hätte im College mehr studieren und mich weniger amüsieren sollen.
(7) Ich hätte im College weniger studieren und mich mehr amüsieren sollen.
(8) Ich hätte heute Abend nicht hierher kommen sollen.
(9) Ich hätte einen Regenschirm mitbringen sollen.
(10) Ich hätte keinen Regenschirm mit mir herumschleppen sollen.
(11) Ich hätte mich nicht mit hineinverwickeln lassen sollen.

(12) Ich hätte bis zum Schlussverkauf warten sollen.
(13) Ich hätte einfach hinaufgehen und mich vorstellen sollen.
(14) Ich hätte ihnen genau sagen sollen, was ich von ihnen halte.
(15) Ich hätte nicht von New York in eine kulturell so stagnierende Stadt wie Los Angeles umziehen sollen.
(16) Ich hätte nicht von Los Angeles in eine so aggressive, dreckige und unfreundliche Stadt wie New York umziehen sollen.
(17) Ich hätte aufhören sollen, als ich an der Spitze war.

Die Kunst, sich aufgrund der Gegenwart schlecht zu fühlen

Wenn Sie nicht reich, berühmt, schön oder talentiert sind, sollte es für Sie genauso leicht sein, sich aufgrund der Gegenwart schlecht zu fühlen, wie zu wissen, wen Sie beneiden und wie.

Aber wenn Sie reich, berühmt, schön oder talentiert *sind*, müssen Sie sich nicht übergangen fühlen. Sich schlecht zu fühlen ist nicht schwerer, als zu wissen, worüber man nachgrübeln könnte.

Im folgenden Abschnitt werden wir Sie mit dem elementaren Grübelmaterial für sämtliche oben erwähnten Lebenslagen ausstatten. Wir möchten allerdings betonen, dass die hier dargelegten Gedanken weniger als vollständige Liste, sondern lediglich als Anregung zur Ausbildung von eigenem Grübelmaterial gemeint sind. Natürlich wird das Material, das Sie aus sich selbst heraus entwickeln, wesentlich relevanter und wesentlich tödlicher sein als irgendein von uns empfohlenes.

Die Kunst, sich schlecht zu fühlen, wenn Sie nicht reich sind:

(1) Grübeln Sie darüber nach, dass reiche Leute all die schönen Dinge kaufen können, von denen *Sie* immer geträumt haben, die Sie sich jedoch niemals leisten können; darüber, dass reiche

Leute in ein Kaufhaus gehen können und alles – jedes *idiotische* Ding –, jedes verrückte, total *unpraktische* Ding kaufen können – einfach weil sie Lust dazu haben – und *sie müssen sich nicht einmal nach dem Preis erkundigen*.

(2) Grübeln Sie darüber nach, dass reiche Leute niemals arbeiten müssen, wenn sie keine Lust dazu haben. Und dass sie Zeit haben, all die Dinge zu machen, die *Sie* immer schon machen wollten, aber niemals tun können, einfach weil Sie für Ihren Lebensunterhalt arbeiten müssen.

(3) Grübeln Sie darüber nach, dass reiche Leute jedem sagen können, er solle sich zum Teufel scheren.

Die Kunst, sich schlecht zu fühlen, wenn Sie reich SIND:

(1) Grübeln Sie über all die tollen Dinge nach, die Sie mit all dem Geld hätten machen können, das Sie für Steuern bezahlt haben, wenn Sie nur eine Möglichkeit gefunden hätten, diese nicht zu bezahlen.

(2) Grübeln Sie über all die Leute nach, die Sie bezahlen müssen, nur damit Sie Ihnen helfen, das, was von Ihrem Geld noch übrig ist, festzuhalten.

(3) Grübeln Sie über all die Leute nach, die Ihnen für ihre Dienste mehr berechnen, nur weil Sie reich sind.

(4) Fragen Sie sich, ob Ihr Geld in der relativ sicheren Investitionsform, die Sie gewählt haben, genauso gut arbeitet wie in einer eher spekulativen Investitionsform.

(5) Fragen Sie sich, ob Ihr Geld wirklich sicher *ist*, wo Sie es angelegt haben.

(6) Fragen Sie sich, ob Sie über Ihre Verhältnisse leben; ob Sie Ihre Ausgaben reduzieren sollten, indem Sie das Taxi für den Bus aufgeben, feine Restaurants für die Imbissbude etc., ehe Sie Bankrott gehen.

(7) Fragen Sie sich, ob die Geschenke, die Sie Freunden oder karitativen Einrichtungen machen, wirklich gewürdigt oder als selbstverständlich betrachtet werden; ob die Empfänger heimlich denken, Sie hätten etwas mehr spenden können.

(8) Fragen Sie sich, ob die Leute, die nett zu Ihnen sind, nur wegen Ihres Geldes nett zu Ihnen sind.

(9) Fragen Sie sich, ob diejenigen Ihrer Freunde, die weniger Glück haben als Sie, Ihnen Ihr Geld übel nehmen; ob Sie sich langsam nach einem neuen Freundeskreis in einer höheren Einkommensschicht umsehen sollten, wo Sie sich weniger beneidet fühlen; ob Sie je von jemandem einer höheren Einkommensschicht als Freund akzeptiert werden.

(10) Fragen Sie sich, ob die Möglichkeit, sich all den Luxus leisten zu können, den Sie sich wünschen, nicht im Grunde nur Enttäuschung her-

vorbringt; ob es noch irgendetwas im Leben gibt, auf das Sie sich freuen können.

Die Kunst, sich schlecht zu fühlen, wenn Sie nicht berühmt sind:

(1) Grübeln Sie darüber nach, dass berühmte Leute sich alles erlauben können – wie etwa niemals in einer Schlange zu warten, in der letzten Minute Karten für eine ausverkaufte Vorstellung zu bekommen, in ein teures Restaurant als Mann ohne Krawatte oder Jackett zu gehen oder als Frau mit langen Hosen – einfach weil die Regeln der nicht berühmten Leute für berühmte Menschen nicht gelten.

(2) Grübeln Sie darüber nach, dass berühmte Leute so ein glamouröses, aufregendes Leben führen, dass all die berühmten Leute all die anderen berühmten Leute kennen und dass viele alles dafür geben, berühmte Leute zu Partys einzuladen.

(3) Grübeln Sie darüber nach, dass niemand jemals den Namen einer berühmten Person vergisst.

Die Kunst, sich schlecht zu fühlen, wenn Sie berühmt SIND:

(1) Grübeln Sie darüber nach, dass Sie kein Privatleben mehr haben – dass Sie, wo immer Sie sich

aufhalten, wegen Autogrammen belästigt werden, auch wenn Sie einkaufen oder in einem Restaurant essen, und dass Sie als Konsequenz daraus nicht länger einfach so die Orte aufsuchen können, die nicht berühmte Leute ständig aufsuchen.

(2) Grübeln Sie darüber nach, dass jeder Ihnen die gleichen Fragen über Ihr Leben und Ihre Arbeit stellt und dass Sie kein Recht dazu haben, auf die Leute wütend zu werden, weil Sie zu jedem nett sein müssen – auch zu Leuten, die nicht nett zu Ihnen sind –, weil sie Ihr Publikum sind, das Sie erst dahin gebracht hat, wo Sie jetzt stehen, und weil diese Leute Sie auch dort halten.

(3) Grübeln Sie darüber nach, dass Sie, seit Sie öffentliches Eigentum sind, mit all Ihren persönlichen Problemen für die Presse zum Freiwild geworden sind und dass, auch wenn Sie *keine* persönlichen Probleme haben, die Kolumnisten irgendwelche für Sie erfinden.

(4) Grübeln Sie darüber nach, dass Sie für Ihr Reden und Handeln kritisiert werden oder dafür, dass Sie nicht reden oder handeln, für Dinge also, mit denen nicht berühmte Leute jeden Tag durchkommen.

(5) Grübeln Sie darüber nach, dass Sie Ihren Weg verlassen müssen, um Ihren Freunden zu beweisen, dass Sie sich nicht verändert haben und dass Sie immer noch der gleiche liebenswerte Kerl sind.

(6) Grübeln Sie über die Tatsache nach, dass Sie,

sobald Sie nicht mehr an der Spitze sind, Ihre Glanzzeit hinter sich haben; über all die jungen Aufsteiger da draußen, die genau in dieser Minute dafür trainieren, Sie abzulösen.
(7) Fragen Sie sich, ob Sie es immer noch verdient haben, berühmt zu sein.

Die Kunst, sich schlecht zu fühlen, wenn Sie keine Schönheit sind:

(1) Grübeln Sie darüber nach, dass jeder schöne Menschen mag und dass jeder zu schönen Menschen viel netter ist als zu hässlichen.
(2) Grübeln Sie darüber nach, dass schöne Menschen all die neuen Modetrends tragen können und darin absolut wunderbar aussehen oder dass sie einfach Jeans und Sweatshirt überziehen können – schmuddelige Sachen, die Sie niemals wagen würden, in der Öffentlichkeit zu tragen – und darin genauso toll aussehen.
(3) Grübeln Sie darüber nach, wie viel Selbstvertrauen schöne Menschen haben, und darüber, dass schöne Menschen so viel leichter Jobs, Liebhaber und Ehepartner finden als hässliche Menschen.

Die Kunst, sich schlecht zu fühlen, wenn Sie eine Schönheit SIND:

(1) Grübeln Sie darüber nach, wie viel mehr Sie sich darum bemühen müssen, den Schein zu wahren, als hässliche Menschen, wie viel mehr Sie sich wegen Schönheitsfehlern, Falten, grauen Haaren und Kalorien sorgen müssen.

(2) Grübeln Sie darüber nach, dass die Leute dazu tendieren, Ihre anderen Qualitäten – Intelligenz, Sensibilität, Talent etc. – zu übersehen, weil sie Sie für ein dekoratives Objekt und nicht für einen Menschen halten.

(3) Grübeln Sie darüber nach, wie schnell und einfach gutes Aussehen verloren geht, und darüber, dass Sie sich schlechter fühlen werden, wenn Sie es verlieren, als wenn Sie es nie gehabt hätten.

(4) Grübeln Sie darüber nach, dass Ihnen nichts mehr bleibt, wenn Ihr gutes Aussehen erst einmal verschwunden ist, da Sie es versäumt haben, Ihre anderen Qualitäten zu entwickeln.

Die Kunst, sich schlecht zu fühlen, wenn Sie nicht besonders begabt sind:

(1) Grübeln Sie darüber nach, dass begabten Menschen immer gesagt wird, wie großartig sie sind und wie großartig ihre Arbeit ist.

(2) Grübeln Sie darüber nach, dass talentierte

Menschen die Befriedigung erfahren, mit etwas Kreativem zu tun zu haben – mit etwas Noblerem und Bleibenderem als der Welt des Kommerzes; darüber, dass die Arbeit, die talentierte Menschen leisten, sie überlebt, sodass sie einen bleibenden Platz in der Nachwelt einnehmen.

(3) Grübeln Sie darüber nach, wie einfach begabte Menschen zu reichen Menschen oder zu berühmten Menschen werden können, wenn sie es wollen.

Die Kunst, sich schlecht zu fühlen, wenn Sie besonders begabt SIND:

(1) Grübeln Sie darüber nach, dass, wenn Sie die Leistung von irgendjemandem auf Ihrem eigenen Gebiet sehen, Sie entweder so kritisch sind, dass Sie eine furchtbare Zeit haben, oder dass Sie so missgünstig sind, dass Sie sich genauso schlecht fühlen.

(2) Grübeln Sie darüber nach, dass Sie Freiwild für diejenigen Kritiker sind, die selbst kein Talent haben.

(3) Grübeln Sie darüber nach, dass Sie immer, wenn Sie gerade in eine bestimmte Gruppe zu gelangen scheinen, dazu gedrängt werden, innerhalb einer noch größeren Gruppe zu bestehen, wo Ihre Fertigkeiten geringer erscheinen und der Wettbewerb viel härter ist.

(4) Grübeln Sie darüber nach, dass, wenn Sie bislang nicht erfolgreich waren, Ihr Selbstvertrauen mit dem Ausbleiben des Erfolgs mehr und mehr schrumpft; darüber, dass Sie, wenn Sie Erfolg errungen *haben*, immer nur so gut sind wie Ihr letzter Versuch und dass Sie sich permanent selbst übertreffen müssen, um an der Spitze zu bleiben.

(5) Fragen Sie sich, ob Sie dabei sind, Ihr Talent zu verlieren.

Die Kunst, sich aufgrund der Zukunft schlecht zu fühlen

Ob Sie dazu in der Lage sind, sich auch in der Zukunft weiterhin schlecht zu fühlen, oder nicht, hängt davon ab, ob Sie zwei lebenswichtige Konzepte beherrschen:

(1) Weigern Sie sich, zu akzeptieren, was sich nicht ändern lässt.
(2) Setzen Sie sich unrealistische Ziele.

Was Sie nicht akzeptieren sollten:
(1) Akzeptieren Sie niemals Ihr Alter oder Ihr Gewicht oder Ihre Größe oder Ihr Aussehen oder Ihre ethnische Abstammung oder Ihren sozioökonomischen Status.
(2) Erkennen Sie niemals die Tatsache an, dass Sie Fehler machen.
(3) Akzeptieren Sie niemals die Möglichkeit des Scheiterns, und bereiten Sie hierfür niemals alternative Pläne vor.
(4) Akzeptieren Sie niemals die Tatsache, dass die meisten Leute niemals realisieren werden, wie großartig Sie sind.
(5) Glauben Sie niemals, dass die Dinge, die andere Leute haben und von denen Sie immer gedacht haben, dass sie *Sie* glücklich machen würden, die *anderen* auch nicht glücklich machen.

Welche Ziele Sie sich setzen sollten:
- (1) Finden Sie den perfekten Ehepartner.
- (2) Finden Sie den perfekten Job.
- (3) Schreiben Sie den großen amerikanischen Roman.
- (4) Zahlen Sie es der Telefongesellschaft heim.
- (5) Entwickeln Sie ein todsicheres System, um beim Pferderennen, beim Glücksspiel oder am Aktienmarkt zu gewinnen.
- (6) Kandidieren Sie für das Rathaus und gewinnen Sie.
- (7) Üben Sie Rache für jede Ungerechtigkeit, die Ihnen jemals in Ihrem ganzen Leben widerfahren ist.
- (8) Seien Sie niemals wieder unrealistisch.

Übung: Siebzehn masochistische Aktivitäten für Anfänger

(1) Machen Sie sich eine Liste all der Ihnen bekannten Menschen, die jünger sind als Sie und erfolgreicher.

(2) Machen Sie sich eine Liste all der Dinge, die Sie beinahe erreicht hätten, aus denen aber irgendwie nichts geworden ist.

(3) Machen Sie sich eine Liste all der Dinge, die Sie nicht mehr machen können.

(4) Schreiben Sie irgendjemandem einen Brief, schicken Sie ihn ab, und dann überlegen Sie sich, welcher Teil am leichtesten missverstanden werden könnte.

(5) Legen Sie Ihre nächste unwichtige Fahrt in die Innenstadt auf die Hauptverkehrszeit.

(6) Planen Sie einen Ausflug am Feiertag, ohne vorher eine Reservierung vorzunehmen.

(7) Planen Sie eine Reise nach New York im August oder Februar. Wenn Sie bereits in New York leben, fahren Sie nach Philadelphia im August und nach Chicago im Februar.

(8) Machen Sie es sich zur Aufgabe, den nächsten James-Bond-Film am ersten Abend im Kino anzusehen.

(9) Kaufen Sie Aktien, kontrollieren Sie deren Marktwert jeden Tag in der Zeitung, und machen Sie sich jedes Mal, wenn der Kurs sinkt, klar, wie viel Geld Sie exakt verloren haben.

(10) Prüfen Sie unter Verwendung Ihrer Zungenspitze nach, wie lange es dauert, Ihr Zahnfleisch zum Bluten zu bringen.

(11) Besorgen Sie sich ein medizinisches Fachbuch, kopieren Sie sich die Symptome von zehn tödlichen Krankheiten und prüfen Sie, wie viele Sie davon bereits haben.

(12) Wenn Sie weiblichen Geschlechts sind, fragen Sie die Dame in der Kosmetikabteilung, was Sie mit Ihrem Gesicht machen könnten. Oder nehmen Sie eine Schere und schneiden Sie sich Ihre hübschen langen Haare ab.

(13) Gehen Sie an den Strand und vergleichen Sie Ihren Körper mit irgendjemandem, der sehr gut gebaut ist.

(14) Gehen Sie bei irgendjemandem zu Hause auf die Toilette, und überlegen Sie sich, ob man Sie hören kann.

(15) Versuchen Sie, nachdem Sie einen Raum voller Menschen verlassen haben, sich vorzustellen, was diese über Sie sagen könnten.

(16) Verwenden Sie wöchentlich eine Stunde darauf, sich zu fragen, ob Sie zu wenig Trinkgeld gegeben haben und ob nun jeder denkt, dass Sie geizig sind, oder ob Sie zu viel Trinkgeld gegeben haben und ob nun jeder denkt, dass Sie ein Arschkriecher sind.

(17) Machen Sie eine Liste all der Menschen, mit denen Sie regelmäßig zusammen trinken oder essen gehen, und überlegen Sie sich, wie viel öfter Sie die Rechnung übernommen haben im

Vergleich zu den anderen. Oder machen Sie eine Liste mit jedem, der Ihnen einen kleinen Geldbetrag schuldet und das offensichtlich vergessen hat, und versuchen Sie, eine Lösung zu finden, wie Sie es zurückbekommen könnten, ohne kleinlich zu erscheinen.

Test zum Ergänzen

Anweisung: Fügen Sie die fehlenden Worte ein. Dann vergleichen Sie Ihre Antworten mit denjenigen am Ende der Seite.

(1) Ein Pfennig gespart, ist ein Pfennig ...
(2) ... und sein Geld sind bald getrennt.
(3) Nichts gewagt, nichts ...
(4) Nicht viel Geld, oh, aber Liebling, haben wir nicht ...

Antworten:

(1) gering geschätzt.
(2) Irgendjemand
(3) verloren.
(4) Schulden?

Abschnitt II:
Methoden, sich mit anderen schlecht zu fühlen

Kapitel 4: Die Kunst, Freunde zu verlieren und sich Menschen zu entfremden

Im Abschnitt I haben Sie gelernt, wie Sie sich durch das Erzeugen von Ängsten schlecht fühlen können. Sie werden bald herausfinden, dass die bloße Erzeugung von Ängsten aufhört, ein effektives Werkzeug der Selbstquälerei zu sein, wenn es Ihnen nicht gestattet ist, diese Ängste in der Praxis zur Anwendung zu bringen.

Einer der besten Wege, die Ängste anzuwenden, ist, sie als Hilfsmittel zu gebrauchen, das die Menschen dazu veranlasst, Sie abzulehnen. Es ist offenkundig: Je mehr Menschen Sie dazu bringen, Sie nicht mehr zu mögen, desto schlechter werden Sie sich fühlen. Arbeitgeber, Liebhaber, Ehefrauen, Ehemänner, Freunde, auch flüchtige Bekanntschaften – alle können durch die ordnungsgemäße Anwendung der unten angeführten Techniken dazu gebracht werden, Sie abzulehnen.

Ehe Sie aber dazu bereit sind, unsere eigentlichen Techniken der Ablehnung in Angriff zu nehmen, müssen Sie zunächst für sich selbst ein geeignetes Ablehnungsimage formulieren.

Die Kunst, ein Ablehnungsimage zu formulieren

Alles an Ihnen – der Ton Ihrer Stimme, Ihre Körperhaltung, die Art, wie Sie einen Raum betreten – erzählt den Menschen, wer Sie sind und wie Sie behandelt werden möchten.

Also müssen Sie aus Ihrem Image alle ansprechenden Qualitäten ausmerzen, welche die Menschen dazu verleiten könnten, Sie zu akzeptieren.

Versuchen Sie generell, so entschuldigend, langweilig, kritisch, klagend, ungeduldig, reizbar, misstrauisch, nervös, argwöhnisch und saft- und kraftlos zu sein, wie es die Umsicht gestattet.

Lehnen Sie sich immer zurück und warten Sie darauf, dass man Ihnen gut zuredet, an den Aktivitäten der Gruppe teilzunehmen, während jeder andere einfach aus eigenem Antrieb mitmacht.

Seien Sie nachlässig hinsichtlich Ihrer persönlichen Hygiene. Vergessen Sie die Namen der Leute. Nähren Sie Groll. Seien Sie schlechter Laune. Machen Sie nie, was jeder andere tun möchte. Nehmen Sie sich selbst sehr ernst. Seien Sie ein Spielverderber. Seien Sie unmöglich zufrieden zu stellen. Wenn jemand wegen irgendetwas sehr enthusiastisch ist, verhalten Sie sich wie ein nasser Waschlappen.* Wenn Sie mit stolzen Eltern oder Besitzern von Haustieren zusammen sind,

---

* Beachten Sie auch die *elementaren pessimistischen Weltanschauungen*.

bekräftigen Sie Ihre Abneigung gegen Kinder oder Tiere. Denken Sie daran: *Manchmal müssen Sie erst so tun, als würden Sie jemanden ablehnen, um selbst abgelehnt zu werden.**

Und nun ins Detail.

Die Körperhaltung, die zur Ablehnung auffordert

Stellen Sie sich vor einen körpergroßen Spiegel. Lassen Sie langsam Ihre Brust einfallen. Verrenken Sie Ihren Hals nach vorne, und gucken Sie seitlich aus Ihren Augenwinkeln. Lassen Sie Ihre Schultern sinken. Jetzt stellen Sie sich vor, Sie wären eine Schildkröte, und versuchen Sie, ohne dabei Ihren Hals wieder gerade zu renken und ohne Ihre Schultern wieder zu straffen, Ihren Kopf in Ihren Rückenpanzer zurückzuziehen. Wenn richtig ausgeführt, ist dies die korrekte Körperhaltung, die zur Ablehnung auffordert.

Ihr Gang sollte die direkte natürliche Folge aus Ihrer Körperhaltung sein – das heißt, ein zögernder, misstrauischer, schlurfender Gang. Oder, um es anschaulicher zu machen: Lernen Sie, einen Raum so zu betreten, als erwarteten Sie, jeden Augenblick ins Gesicht geschlagen zu werden.

---

* Achtung: Wenn Sie eine Ablehnung zu offensichtlich herausfordern, werden Sie sich eine Menge rechtschaffener Empörung entgehen lassen, wenn es schließlich dazu kommt.

Der Ton der Stimme, der zur Ablehnung auffordert

Der Ton Ihrer Stimme sollte undeutlich und weinerlich sein und eher aus Ihrer Nase als aus Ihrem Zwerchfell kommen. Die folgenden nostalgischen Phrasen sollten Ihnen helfen, den richtigen, zur Ablehnung auffordernden Ton der Stimme zu kultivieren:

(1) »Ich *will* das Spiel nicht spielen.«
(2) »Gib mir meinen Ball, ich gehe jetzt *nach Hause*.«
(3) »Das ist nicht deins, das ist *meins*.«
(4) »Mami, sag ihm, er soll es mir *wiedergeben*.«

Die Dynamik der Ablehnung

Jetzt, da Sie begonnen haben, Ihr Ablehnungsimage zu entwickeln, sind Sie zweifellos erpicht darauf, hinaus ins Feld zu ziehen und abgelehnt zu werden. Wir beglückwünschen Sie zu Ihrem Enthusiasmus, doch ein warnendes Wort wollen wir Ihnen mit auf den Weg geben.

Ihre erste große Ablehnung zu erringen ist nicht so einfach, wie es aussieht. Warum? Also, zunächst einmal sind alle potenziellen *Ablehnenden* auch potenzielle *Abgelehnte* – das bedeutet, dass jemand, auf dessen Ablehnung Sie gezählt haben, plötzlich sein Verhalten ändern und so tun könnte, als ob Sie *ihn* gerade abgelehnt hätten. Also:

Sie: »Hallo. Es tut mir schrecklich Leid – ich nehme an, ich rufe zu einem sehr ungünstigen Zeitpunkt an, oder?«
Er: »Warum, hallo. Nein, keineswegs. Eigentlich bin ich sogar ein wenig gekränkt, dass du nicht schon früher angerufen hast.«

Um derartig unangenehme und unbefriedigende Ereignisse zu verhindern* und um Ihnen Ihre überaus wichtige Ablehnung zu garantieren, benötigen Sie ein gründliches Verständnis der Dynamik der Ablehnung.

---

* Vergleichen Sie auch die Ausführungen *Das Telefon als Instrument der Selbstquälerei* in Kapitel 6.

Sie müssen wissen, wie Sie einen viel versprechenden potenziellen Ablehnenden auswählen. Sie müssen die Kunst der Verteidigung lernen. Und Sie benötigen Fachkenntnis, um die Ablehnungsformel effektiv nutzen zu können.

Die Auswahl eines viel versprechenden potenziellen Ablehnenden

Jeder auf der Welt ist ein potenzieller Ablehnender – sogar kleine Kinder und Haustiere.

Das Problem mit Kindern und Tieren ist unglücklicherweise deren wohl bekannter Mangel an Diskriminierung: Sie lehnen irgendjemanden ab, ohne Gründe dafür zu haben, und eine so einfach gewonnene Ablehnung kann unmöglich hoch bewertet werden. (In Notsituationen, wenn keine vielversprechenderen potenziellen Ablehnenden gefunden werden können, kann natürlich ein Kind oder ein Tier Verwendung finden. In solchen Fällen sollte es sich als hilfreich erweisen, sich daran zu erinnern, dass mit dem Weinen von Babys generell gerechnet werden kann, wenn Sie diese hochnehmen, und dass damit gerechnet werden kann, dass Katzen sich von Ihnen entfernen, sobald Sie den aufrichtigen Wunsch hegen, diese zu streicheln.)

Erwachsene geben die besten potenziellen Ablehnenden ab, insbesondere diejenigen, welche Sie in Bereichen größter persönlicher Verletzbarkeit treffen können – zum Beispiel Sexappeal, berufliche Kompetenz, soziale Stellung, Intelligenz, Takt, Sinn für Humor oder jedes andere Gebiet, auf dem Sie ein geringes Selbstvertrauen besitzen. Es muss nicht erwähnt werden, dass die allervielversprechendsten potenziellen Ablehnenden diejenigen sind, die so etwas wie eine Autorität auf ihrem speziellen Gebiet der Ablehnung darstellen – zum Beispiel Oberkellner oder attraktive junge Frauen.

Die Entschuldigung als Ablehnungshilfe

Wenn Sie erst einmal einen viel versprechenden potenziellen Ablehnenden gefunden haben, müssen Sie dazu in der Lage sein, ihn wissen zu lassen, dass Sie jemand sind, der wünscht, abgelehnt zu werden.

Der beste Weg zur Erfüllung dieser Aufgabe ist, sich selbst auf subtile Weise schlecht zu machen – etwas auf eine rechtfertigende, selbst entschuldigende Art zu sagen, die nicht als falsche Bescheidenheit missverstanden werden kann. (Kaum jemand wird dumm genug sein, Sie zu mögen, wenn Sie klar gemacht haben, dass Sie sich nicht einmal *selbst* mögen.)

Es gibt einen entschuldigenden Stil, der für jede Entwicklungsstufe geeignet ist, vom Anfänger
»Sie müssen mein Aussehen heute Abend entschuldigen«
bis zum fortgeschrittenen Studenten
»Sie denken wahrscheinlich, dass ich immer so schlecht aussehe«.

Es gibt gleichfalls einige entschuldigende Bemerkungen, die für jede Gelegenheit passend sind. Zum Beispiel könnten Sie zu einem Gast beim Abendessen sagen:

(1) »Dieser Martini ist für Sie wahrscheinlich nicht trocken genug, aber wir haben so eine Menge Wermut, und der Gin ist uns beinahe ausgegangen.«

(2) »Heute Abend habe ich dieses Rezept das allererste Mal ausprobiert, es wird also wahrscheinlich nicht besonders gut schmecken.«

(3) »Es tut mir Leid, dass ich den Kaffee so stark gemacht habe.«

(4) »Es tut mir Leid, dass ich den Kaffee so schwach gemacht habe.«

(5) »Ich hoffe, es macht Ihnen nichts aus – das Fleisch ist ein wenig zu lange im Ofen gewesen.«*

(6) »Es mag Ihnen vielleicht nicht gerade schlecht schmecken, aber es ist bei weitem nicht so, wie es eigentlich schmecken *sollte*.«

Wenn Sie einen Witz erzählen, könnten Sie sagen:

(1) »Es tut mir Leid, aber diese Geschichte ist ein wenig langatmig.«

---

* Es zahlt sich nicht aus, sich für Fleisch zu entschuldigen, das zu kurze Zeit im Ofen war, da es ja jederzeit noch einmal in den Ofen zurückgestellt werden könnte.

(2) »Ich fürchte, diese Anekdote hat keine richtige Pointe.«

(3) »Der Mann, der mir das erzählt hat, erzählt es wesentlich besser als ich.«

Wenn Sie am Abend mit jemandem ausgehen, könnten Sie sagen:

(1) »Ich wollte Sie eigentlich an einen netteren Ort führen, doch ich konnte keine Reservierung bekommen.«

(2) »Sie sind wahrscheinlich größere Männer gewohnt.«

(3) »Ich wollte eigentlich noch meine Haare waschen, aber ich hatte keine Zeit mehr dafür.«

(4) »Ich konnte kein einziges Paar Socken ohne Loch finden.«

(5) »Ich langweile Sie wahrscheinlich mit all meinen Problemen.«

(6) »Es tut mir Leid, dass ich nicht fähig bin, mich klar auszudrücken.«

(7) »Normalerweise ist es mit mir amüsanter.«

(8) »Normalerweise transpirieren meine Hände nicht so sehr.«

Die Regel für all die obigen Vorschläge lautet: *Lenken Sie die Aufmerksamkeit immer auf etwas Peinliches, das ansonsten überhaupt nicht bemerkt werden würde.*

Für den Neuling in Sachen Entschuldigung müssen wir die folgende Warnung aussprechen. Es passiert ständig, dass Ihnen, gerade wenn Sie sich vorbereiten, eine Entschuldigung abzugeben, jemand einen Schlag in den Magen versetzt, indem er Ihnen genau dafür Komplimente macht, wofür Sie sich gerade entschuldigen wollten.

Wie können Sie mit dieser frustrierenden Situation umgehen? Die Lösung ist ganz einfach: *Vertrauen Sie ihm eine geheime persönliche Peinlichkeit an, die das Kompliment entkräftet.*

Geheime persönliche Peinlichkeit 1:
»Sie haben wirklich eine fantastische Figur.«
»Danke, aber meine Beine sind viel zu dick.«

Geheime persönliche Peinlichkeit 2:
»Sie haben wirklich fantastische Beine.«
»Danke, aber meine Knöchel sind viel zu dick.«

Geheime persönliche Peinlichkeit 3:
»Ihr Outfit ist wirklich sensationell.«
»Ich bin überrascht, dass es Ihnen gefällt. Ich habe es vor acht Jahren im Ramschverkauf gekauft und kann es beinahe nicht mehr sehen, aber ich musste es anziehen, weil alles, was ich sonst noch habe, total schmutzig ist.«*

Wir möchten dem ernsthaften Leser empfehlen, weitere Studien in Japan zu betreiben, wo er ohne weiteres lernen kann, so entschuldigende Bemerkungen zu formulieren wie:

---

* Alternative Antwort: »Es gehört mir nicht einmal.«

»Bitte vergeben Sie das bescheidene Aussehen meines unwerten Hauses und die ungesunde Qualität meiner widerlichen und überreifen Nahrung.«

Die Ablehnungsformel und wie sie zu verwenden ist

Jede elementare Ablehnungsformel ist eigentlich ein Test – nämlich eine wiederholte Aufforderung zu Vertrauensbeweisen. Natürlich gehen Sie jedes Mal, wenn Sie jemanden um einen Beweis seines Vertrauens bitten, die Gefahr ein, dass er Ihnen tatsächlich gegeben wird.

Mit der folgenden Formel ist die Wahrscheinlichkeit, so eine Panne zu erleiden, gelinde gesagt, gering.

Ablehnungsmaßnahme 1: *Bitten Sie auf eine solche Art und Weise um einen Vertrauensbeweis, die darauf schließen lässt, dass Sie ihn nicht verdient haben.*

Ablehnungsmaßnahme 2: *Weigern Sie sich, jede Art von Vertrauensbeweis zu akzeptieren, fragen Sie noch einmal nach, und sorgen Sie dafür, dass eine Ablehnung die einfachste Antwort ist.*

Ablehnungsmaßnahme 3: *Wenn Sie erfolgreich eine Ablehnung errungen haben, wie unbedeutend auch immer, geben Sie sich schrecklich gekränkt – so stellen Sie zukünftige Ablehnungen sicher.*

Im Folgenden möchten wir diese Formel veranschaulichen:

Ablehnungsmaßnahme 1:
Sie: »Ich nehme an, du hast für heute Abend bereits Pläne?«
Ablehnender: »Keine definitiven – warum?«

Maßnahme 2:
Sie: »Oh, wir überlegen, ob wir ein paar Leute einladen sollen, aber ich weiß wirklich nicht, ob du sie interessant finden würdest. Du hast ja diese anderen Pläne, oder?«
Ablehnender: »Na ja, wir haben eine vage Verabredung mit ein paar Leuten. Vielleicht klappt es ja ein anderes Mal.«

Maßnahme 3:
Sie: »Seit du erfolgreich bist, hast du anscheinend überhaupt keine Zeit mehr für uns.«

Das obige Gesprächsmanöver war ein erfolgreiches Beispiel vom Typ der Einladungsablehnung. Das heißt, dadurch, dass Sie jemanden gezwungen haben, Ihre Einladung auszuschlagen, wurde die Ablehnung vollendet. Eine kleine Veränderung dieses Manövers – unter Verwendung der gleichen Ablehnungsformel – ist der Typ der Beurteilungsablehnung. In diesem Fall wird die Ablehnung vollendet, indem Sie jemanden zwingen, Ihnen eine wenig schmeichelhafte Beurteilung Ihrer selbst auszustellen.

Ablehnungsmaßnahme 1:
Sie: »Sag mir ganz offen, was hältst du von mir? Sei wirklich ganz ehrlich.«
Ablehnender: »Ich denke, du bist sehr nett.«

Maßnahme 2:
Sie: »Nein, sag mir ganz genau, was du denkst. Ich bewundere Offenheit mehr als jede andere Eigenschaft.«
Ablehnender: »Also ... um ganz ehrlich zu sein, ich finde, du benimmst dich zeitweise etwas neurotisch.«

Maßnahme 3:
Sie: »Ach ja! Und du hältst dich selbst wohl für perfekt?«

Es ist überflüssig, darauf hinzuweisen, dass nicht alle Ablehnungen so leicht zu erringen sind wie diese beiden oben angeführten Beispiele. Unglücklicherweise sträuben sich die meisten Menschen, Sie abzulehnen. Einerseits sind die meisten Menschen ziemlich nett, und Sie abzulehnen ist ihnen unangenehm und macht sie traurig. Darüber hinaus würden sie sich durch diese Ablehnung zu ihrer sowieso schon schweren Last noch mehr Schuld aufladen, was es wiederum für sie nötig machen würde, ein noch intensiveres Programm der Selbstquälerei aufzunehmen als zuvor.

Also: Wie geht man mit widerwilligen Ablehnenden um?

Die Kunst, mit einem widerwilligen Ablehnenden umzugehen

Der beste Weg, jemandem zu begegnen, der drauf und dran zu sein scheint, Ihnen einen Vertrauensbeweis zu geben, indem er eine Einladung von Ihnen annimmt, ist, ihm diese Einladung auf eine derart peinliche, selbst entschuldigende Weise auszusprechen, dass er sie nicht gut annehmen kann, ohne auf das gleiche erniedrigende Niveau hinabzusteigen.

Wir möchten dies anhand unseres ersten Beispiels illustrieren:

Sie: »Ich nehme an, du hast bereits Pläne für heute Abend?«
Ablehnender: »Eigentlich nicht – warum?«
Sie: »Oh, wir überlegen, ein paar Leute einzuladen. Ich nehme an, das ist etwas kurzfristig, oder?«
Ablehnender: »Nicht wirklich. Wir haben keine speziellen Pläne –.«
Sie: »Es ist mir so peinlich. Wir haben diese beiden Paare zum Essen eingeladen, und das Essen würde für uns alle sicher nicht reichen.«
Ablehnender: »Oh, das macht überhaupt nichts. Wir wollten heute Abend sowieso zu Hause essen.«
Sie: »Es tut mir Leid, ich muss heute Abend tatsäch-

lich eine Menge gesellschaftlicher Verpflichtungen wahrnehmen –.«

Ablehnender: »Ach ja?«

Sie: »Ja, mein Ehemann beklagt sich schon länger, dass wir nur Leute einladen, die *ich* mag, also dachte ich, dass wir heute Abend ein paar Leute einladen, die *er* mag.«

Ablehnender: »Ich verstehe.«

Sie: »Also hör zu, du musst dich nicht dazu gezwungen fühlen, höflich zu sein und die Einladung anzunehmen, wenn du eigentlich irgendetwas anderes zu tun hast.«

Ablehnender: »Mmhmmm. Also, da du es jetzt erwähnst, erinnere ich mich, dass wir meinen Schwiegereltern so gut wie versprochen haben, sie heute Abend zu besuchen. Du weißt ja, wie das so ist.«

Sie: »Nein, hör zu – du musst dich nicht entschuldigen. Um dir die Wahrheit zu sagen, ich habe eigentlich gar nicht damit gerechnet, dass du sehr interessiert daran bist, zu uns zu kommen.«

Testproblem: Die Pattsituation

Ein Mann und eine Frau kommen von ihrer Verabredung zurück. Der Gedanke, in der Wohnung der Frau noch einen Schlummertrunk zu nehmen, ist beiden gekommen. Sie befinden sich jetzt vor ihrem Haus. Beide sind mäßig erfahren in Ablehnungstechniken. Hier sind die Maßnahmen so weit:

Sie: »Ich nehme nicht an, dass du noch auf einen Schlummertrunk mit nach oben kommen willst?«

Er: »Also, ich weiß nicht. Ich meine, es ist sehr nett von dir zu fragen, und ich würde auch wirklich gern, aber es ist schon zu spät. Oder?«

Sie: »Ich glaube schon. Es ist ... lass mich nachsehen ... ein Uhr. Das ist wahrscheinlich zu spät für dich, oder?«

Er: »Also, es ist nicht zu spät für *mich,* aber ich würde wetten, dass *du* normalerweise ungefähr zu dieser Zeit schlafen gehst. Richtig?«

Sie: »Also, ich gehe gewöhnlich nicht vor zwei schlafen. Aber ich würde wetten, dass *du* erschöpft bist. Ist es nicht so?«

Er: »Also, *ich* bin nicht müde, aber was macht es für einen Sinn, *dich* zu drängen, wenn *du* müde bist?«

Sie: »Also, *ich* könnte noch ein bisschen aufbleiben, aber *du* siehst wirklich so aus, als müsstest du unbedingt nach Hause, um ein wenig zu schlafen. Stimmt's?«

Er: »Also, *ich* könnte noch, aber ich habe meine Zweifel, dass *du* noch könntest.«

Sie: »Also, *ich* könnte noch, aber ich habe meine Zweifel, dass *du* noch könntest.«

Er: »Also, *ich* könnte noch, aber ich habe meine Zweifel, dass *du* noch könntest.«

Etc.

Problem: Wie kann man die Pattsituation aufbrechen, ohne die Ablehnung zu verlieren?

Lösung: Irgendeine Partei könnte mit etwas verletzter Stimme antworten:
»Es ist offensichtlich, dass du nicht wirklich Lust dazu hast, also vergessen wir es, bis du irgendwann einmal mehr in Stimmung bist.«

Kapitel 5: Die Kunst, seinen Job
zu verlieren

Jetzt, da Sie die Grundlagen der Ablehnung beherrschen, sind Sie endlich dafür präpariert, die Theorie aus dem Klassenzimmer in die praktische Anwendung zu überführen.

In diesem und den folgenden Kapiteln zeigen wir Ihnen, wie Sie die Dynamik der Ablehnung nützen können, um Ihren Job, Ihren Liebsten und Ihre Freunde zu verlieren. Kurz und gut, wir werden es Ihnen möglich machen, systematisch jeden, den Sie kennen, aus Ihrem Leben zu verbannen, und Sie werden vollkommen alleine zurückbleiben, frei, um in Selbstmitleid zu schwelgen und die Leiter des vollkommenen persönlichen Unglücks noch höher hinaufzuklettern.

Das leichteste Gebiet für den Anfang ist: der Beruf.

Ihren Job zu verlieren ist allerdings nicht ganz so einfach, wie Sie es sich vorstellen. Es besteht immerhin die Möglichkeit, dass Sie eingestellt wurden, weil Sie eine bestimmte Fertigkeit besitzen. Ihr Arbeitgeber wird nicht so erpicht darauf sein, Sie gehen zu lassen, und sei es auch nur aus dem Grund, weil es für ihn einen unnötigen Zeitaufwand bedeutet, eine Person zu finden und anzulernen, die Sie ersetzen könnte.

Wie kann man ihm also diesen Wunsch einflößen?

Wenn Sie die Entlassung als Meisterstück der Kunst ansehen, ihren Arbeitgeber dazu zu veranlassen, Sie zurückzuweisen, dann können Sie viele der Techniken zur Ablehnung anwenden, die Sie schon gelernt haben. Sie haben sozusagen bereits den halben Weg zum Arbeitsamt zurückgelegt.

In diesem Abschnitt wollen wir das, was Sie bereits wissen, durch verschiedene Ängste aus dem Bereich des Arbeitsalltags ergänzen, die Sie direkt zu dem elementaren Ablehnungsverhalten für Arbeitnehmer hinführen sollen.

Unterbezahlung als Grundeinstellung

Eine Einstellung, die ohne weiteres in Arbeitsalltagsängste und von da in ein Verhalten, das Ablehnung oder Entlassung herausfordert, übersetzt werden kann, ist die Annahme, dass Sie unterbezahlt sind.

Wenn Sie lange genug darüber nachgrübeln, dass Sie unterbezahlt sind – indem Sie etwa einen Beschwerdekatalog zusammenstellen und ihn sich immer wieder vorlesen –, können Sie sich selbst in Rage versetzen.

Wenn Sie wütend genug sind, werden Sie sich sogar wünschen, Ihre Arbeitsstelle selbst zu kündigen. *Kündigen Sie Ihren Job nicht.* Wenn Sie Ihre Arbeitsstelle selbst kündigen, werden Sie all die Genugtuung und rechtschaffene Empörung darüber, entlassen worden zu sein, nicht haben.*

Was ist der nächste Schritt, nachdem Sie beschlossen haben, unterbezahlt zu sein?

Der nächste Schritt ist, entweder eine absurd hohe Gehaltserhöhung zu fordern** oder zu versuchen, das Konto in irgendeiner anderen Form auszugleichen.

---

* Nur in einem Notfall ist die Kündigung Ihrerseits gestattet – wenn alle Bemühungen, entlassen zu werden, fehlgeschlagen sind.
** Für eine angemessene Form der Täuschung vergleichen Sie auch *Beziehungszerstörungsmanöver 2: Der große Heiratsschwindel* in Kapitel 7.

Das Ausgleichen des Kontos

Der beste Weg, das Konto auszugleichen, ist, weniger zu arbeiten. Kommen Sie spät am Morgen. Machen Sie ungewöhnlich lange Mittagspausen. Verlassen Sie das Büro früh. Verbringen Sie die übrige Zeit mit Kaffeepausen.

Nach einer Weile werden Sie sich vielleicht beim Gedanken daran, entdeckt zu werden, ein wenig unbehaglich fühlen. *Lassen Sie sich davon nicht abhalten.* Viele andere Leute in Ihrem Büro kommen genau damit durch. *Sie* werden nicht entdeckt und, darauf können Sie wetten, sie sind nicht einmal unterbezahlt.

Fahren Sie damit fort, um 9.30 Uhr zu kommen anstatt um 9.00 Uhr, von der Mittagspause um 13.30 Uhr zurückzukehren anstatt um 13.00 Uhr, von der Arbeit um 16.30 Uhr nach Hause zu gehen anstatt um 17.00 Uhr.

Vielleicht hat aber nach einer oder zwei Wochen noch niemand etwas über Ihre neuen Arbeitszeiten gesagt. *Warum nicht?* Kann es sein, dass Sie sogar noch unterbezahlter waren, als Sie dachten – dass Ihr Arbeitgeber ein so schlechtes Gewissen hat, dass er es nicht über sich bringt, Ihnen einen Verweis zu erteilen? Wenn das so ist, müssen Sie die Schraube weiter anziehen. *Sie müssen einfach ausprobieren, wie weit Sie gehen können. Dies ist die einzige Möglichkeit, wie Sie herausfinden können, wann das Konto ausgeglichen ist.*

Fangen Sie an, um 10.00 Uhr zu kommen. Kehren

Sie um 14.00 Uhr von der Mittagspause zurück oder sogar erst um 15.00 Uhr. Verlassen Sie das Büro um 16.00 Uhr. (Vielleicht werden Sie bald Ihren Mantel nicht mehr ausziehen müssen zwischen Ihrer Ankunft am Morgen und dem Zeitpunkt, da Sie zur Mittagspause gehen, oder zwischen Ihrer Rückkehr von der Mittagspause und dem Verlassen des Arbeitsplatzes am Feierabend.)

Jetzt haben Sie eine merkwürdige Situation geschaffen. Sie denken immer noch, dass Sie unterbezahlt sind – anscheinend weit mehr als irgendjemand sonst im Büro, weil bislang niemand den Mumm gehabt hat, Ihnen irgendeine bedeutende Rüge zu erteilen. Wie auch immer, für die Menge an Arbeit, die Sie verrichten, sind Sie bei weitem *überbezahlt*. Sie wissen, dass Sie aus der Reihe getanzt sind. Und jetzt sind Sie nicht mehr zu stoppen. Wie könnten Sie auch freiwillig die zusätzliche Zeit im Bett am Morgen oder die Möglichkeit, all die Besorgungen am Nachmittag zu machen, wieder aufgeben – insbesondere, wenn andere damit auch durchkommen? Sie können natürlich nicht aufhören.

In diesem Stadium der Aufregung an der Grenze zum Wahnsinn ist jetzt für Sie die Zeit gekommen, Ihre Spuren zu verwischen. Schleichen Sie sich in das und aus dem Büro, wenn es niemand merkt. Bereiten Sie wohl durchdachte Entschuldigungen für die Stunden vor, die Sie nicht im Büro sind – Verabredungen mit dem Augenarzt, mit dem Osteopathen, mit dem Fußpfleger, mit dem Endokrinologen.

Verbergen Sie Ihr Kommen und Gehen mit erfinderischer List: Bewahren Sie Ihren Mantel unten im Waschraum auf, damit es so aussieht, als seien Sie nur für einen Augenblick hinausgegangen. Bitten Sie eine Person Ihres Vertrauens, Ihre Schreibtischlampe genau um 9.00 Uhr einzuschalten und Ihren Schreibtisch ein wenig in Unordnung zu bringen, ihn später wieder aufzuräumen und um 17.00 Uhr Ihre Schreibtischlampe wieder auszuschalten.

Sie fürchten sich jetzt schon ziemlich lange vor der unvermeidlichen Vorladung in das Büro Ihres Arbeitgebers, die diesen absurden Albtraum der Täuschung für immer beenden wird.

Eines Tages schließlich wird es sich ereignen. Die endgültige Ablehnung. Die endgültige Erleichterung. Sie werden entlassen. Ihnen werden zwei Wochen Entlassungsabfindung gezahlt, und Sie werden aufgefordert, sofort zu gehen. Und wenn Sie Ihren Schreibtisch räumen, werden Sie wie ein Märtyrer all die Befriedigung aus dem Leiden kennen – die tiefe Freude, zu wissen, dass Sie schrecklich und ungerecht bestraft und abgelehnt worden sind.

Quiz

Frage: Das Arbeitsamt hat für Sie ein Vorstellungsgespräch mit einem potenziellen Arbeitgeber vereinbart und Sie aufgefordert, ihm Arbeitsproben zu zeigen. Was sollten Sie sagen, wenn Sie diese Arbeiten vorstellen?

Antwort: »Das sind wirklich nicht meine besten Arbeiten, aber ich hatte bislang keine Zeit, Sie noch einmal zu machen.« Oder: »Das hätte wirklich gut werden können, wenn ich nicht gezwungen worden wäre, es zu ändern.«

Kapitel 6: Die Kunst, tiefe romantische Beziehungen zu verhindern

In den Kapiteln 6 und 7 werden Sie lernen, wie Sie von Ihrem Liebsten oder Ihrem potenziellen Liebsten in jeder Phase der Beziehung abgelehnt werden können. In diesem Kapitel werden Sie zunächst auf der elementarsten Ebene die Kunst erlernen, Angehörige des anderen Geschlechts bei Partys abzuwehren. Vorausgesetzt, Sie waren auf dieser Ebene der Ablehnung nicht erfolgreich und wurden tatsächlich nach Ihrer Telefonnummer gefragt oder haben die eines anderen bekommen, wollen wir Ihnen als Nächstes zeigen, wie Sie das größtmögliche Unglück aus einer Verabredung ziehen können.

Und schließlich, sollten Sie unfähig sein, eine tiefe romantische Beziehung oder eine Heirat zu verhindern, wird Sie das Kapitel 7 mit genügend Taktiken ausstatten, um eventuell auch den feurigsten Liebhaber, die Ehefrau oder den Ehemann loszuwerden.

Sich auf Partys schlecht fühlen

Partys, in erster Linie organisiert zum Zweck, geeignete Männer und Frauen zu treffen, sind von Natur aus ideale Gelegenheiten, sich selbst zu quälen und sich schlecht zu fühlen.

Schon alleine die Tatsache, dass Sie in ein Haus voller Leute gehen, die Sie nicht kennen, die reden und trinken und bloß miteinander lachen und die nicht einmal Notiz nehmen von Ihrem Erscheinen, versetzt Sie unmittelbar in die Lage beinahe ästhetisch perfekter Verwundbarkeit.

Sie sind dann wirklich verloren. Und wie Sie so die wohl durchdachten Rituale des Zeitschindens ausführen, den Mantel aufhängen, sich einen Drink mixen und eine Zigarette anzünden – während Sie verzweifelt nach einem bekannten Gesicht suchen und keines finden –, realisieren Sie, dass Sie auf einen Ihnen vollkommen Fremden zugehen müssen und sich selbst vorstellen, und nun müssen Sie sich die unausweichliche Frage stellen: *Warum um alles in der Welt sollte sich irgendjemand mit mir unterhalten wollen?*

Diese Frage ist voll und ganz berechtigt. Warum *sollte* irgendjemand mit Ihnen reden wollen – es sei denn, Sie glauben, dass Sie sowohl klüger als auch schöner sind als deren augenblickliche Gesprächspartner. Wenn Sie das allerdings glauben, wird dieses Buch nichts für Sie tun können.

Also gut. Wenn Sie sich die obige Frage erst einmal gestellt haben, gibt es für Sie zwei Alternativen:

(1) Sie können sich alleine in eine Ecke stellen und darauf warten, dass jemand zu Ihnen kommt und ein Gespräch mit Ihnen beginnt.
(2) Sie können zum Gastgeber gehen, den Sie wahrscheinlich wenigstens dem Namen nach kennen, und versuchen, *ihn* dazu zu bringen, sich mit Ihnen zu unterhalten.

Lassen Sie uns annehmen, Sie entscheiden sich für die zweite Alternative. Der Gastgeber wird Getränke und Schnittchen herumreichen, mit Leuten, die er lange Zeit nicht gesehen hat, an vergangene Ereignisse anknüpfen und sich generell mit Gästen unterhalten, die interessanter sind als Sie. Er wird Ihnen ein oberflächliches Hallo zurufen, Sie zu einer kleinen Gruppe von Leuten führen, die ganz und gar ineinander vertieft sind, Sie schnell vorstellen und dann verschwinden. Die Leute, denen er Sie vorgestellt hat, werden verbindlich lächeln, Ihnen vielleicht eine höfliche Frage stellen und sich dann wieder ihrer vorherigen Unterhaltung zuwenden, ohne auch nur auf Ihre Antwort zu warten.

Jetzt steht es Ihnen frei, zu gehen und sich alleine in eine Ecke zu stellen und darauf zu warten, dass jemand zu Ihnen kommt und ein Gespräch mit Ihnen beginnt.

Wenn das niemand macht, können Sie sich an die Wand lehnen und an Ihrem Drink festhalten, bis alle Eiswürfel geschmolzen sind. Sie können vorgeben, von den Bildern an den Wänden Ihres Gastgebers fasziniert zu sein oder von den Titeln seiner

Bücher oder den Schallplatten in seinem Regal, oder Sie können sich ins Badezimmer begeben und dort den Inhalt seines Medizinschränkchens studieren, oder – noch besser – Sie können sich in seinem Badezimmerspiegel mit der Asymmetrie Ihres Gesichtes beschäftigen.

Wie auch immer, lassen Sie uns annehmen, dass tatsächlich jemand rücksichtslos genug ist, Ihre Akzeptanzpräventionsstrategie zu ignorieren, indem er zu Ihnen kommt und ein Gespräch mit Ihnen anknüpft. Wie gehen Sie mit so jemandem um?

Hier ist ein effektiver Plan, in Anlehnung an das Muster der in Kapitel 4 vorgestellten Ablehnungsformel.

Das Anti-Smalltalk-Manöver

Dieses Manöver besteht, wie alle Ablehnungsformeln, im Wesentlichen aus einer Prüfungsablehnung in drei Schritten. Es funktioniert folgendermaßen.

Ablehnungsmaßnahme 1:
Sie: »Ich hasse Partys. Ich weiß nie, was ich zu irgendjemandem sagen soll. Ich glaube, ich beherrsche Smalltalk einfach nicht.
Gast: »Wirklich? Ich finde, Sie machen das sehr gut.«

Maßnahme 2:
Sie: »Nein, es tut mir Leid, aber es ist nicht sehr spannend, mit mir zu sprechen. Ich meine, Sie

sollten sich besser mit jemand anderem unterhalten.«

Gast: »Oh, keineswegs. Ich genieße diese Unterhaltung sehr, wirklich.«

Sie: »Sie sind sehr freundlich, aber ich bin sicher, ich langweile Sie zu Tode.«

Gast: »Keineswegs, keineswegs. (Pause) Aber ich werde wirklich durstig. Warum setzen Sie sich nicht einfach hier hin, während ich gehe und mir einen neuen Drink hole?«

Maßnahme 3:
Sie: »Wenn Sie so erpicht darauf sind, von mir wegzukommen, werde ich natürlich nicht versuchen, Sie aufzuhalten.«

Doch lassen Sie uns annehmen, dass Sie trotz der Anwendung obiger Techniken jemanden getroffen haben, einen netten Menschen – zweifellos zu nett, um sich für Sie zu interessieren. Aber Sie beide scheinen eine Menge gemeinsam zu haben, Sie beide scheinen das Gespräch miteinander zu genießen, und Sie waren unfähig, sich selbst ausreichend abstoßend zu präsentieren, um der Möglichkeit weiterer Kontakte vorzubeugen.

Es wurde nach einer Telefonnummer gefragt und sie wurde herausgegeben, und ein Telefonanruf scheint nun unausweichlich zu sein. Wie mit dem, was nun kommt, umgehen?

Das Telefon als Instrument der Selbstquälerei

Ganz gleich, ob Sie planen, wegen einer Verabredung anzurufen, oder ob Sie darauf warten, angerufen zu werden, warum sich nicht einen Augenblick Zeit nehmen und darüber nachdenken, was für ein wunderbares Hilfsmittel für Ängste das Telefon eigentlich ist.

Wenn Sie auf einen wichtigen Anruf warten, können Sie weder aus dem Haus gehen noch irgendjemanden sonst unterdessen anrufen – oder Sie werden Ihren Anruf verpassen. (Auch wenn Sie einen Anrufbeantworter haben, können Sie ihn eventuell verpassen – Anrufbeantworter sind überaus launenhaft, wenn es darum geht, welche Anrufe sie aufzeichnen, welche Nachrichten sie Ihnen von den aufgezeichneten übermitteln und welche Gestalt sie diesen verleihen.)

Das Telefon als Medium raubt Ihrer Persönlichkeit effektiv jeglichen nicht hörbaren Charme – jedes Lächeln, Zwinkern oder andere Gesichtsausdrücke, die helfen, Feinheiten zu übermitteln und Ihre Meinung klarzumachen. Und Gnade Ihnen Gott, wenn Sie keine schöne Stimme haben.

Außerdem wissen Sie auch nie, wenn Sie telefonieren, was am anderen Ende der Leitung wirklich vor sich geht. Sie können die Mimik Ihrer Gesprächspartner nicht sehen, wissen also niemals genau, woran Sie bei ihnen sind. Vielleicht sind sie gelangweilt. Oder gerade tropfnass. Oder sie sehen fern. Vielleicht haben sie den Hörer hingelegt und sind weggegangen. Vielleicht ist jemand bei ihnen, der hört, was Sie sagen, und die beiden tauschen Grimassen und andere Signale und können ihr Lachen über das, was Sie sagen, kaum zurückhalten.

Vielleicht sagen Sie etwas wenig Schmeichelhaftes über eine dritte Person, und genau in diesem Moment versucht ebendiese Person anzurufen, ihre Leitung überkreuzt sich mit Ihrer, und sie kann alles mithören, was Sie über sie sagen.

Vielleicht wird Ihr Telefongespräch abgehört, und was Sie erzählen, wird aufgezeichnet und niedergeschrieben, und eines Tages werden Sie es im Gefängnis in allen Zeitungen lesen können.

All das im Hinterkopf, lassen Sie uns nun fortfahren mit der eigentlichen grässlichen Aufgabe, einer telefonischen Einladung zu einer Verabredung.

Warten auf einen Telefonanruf

Lassen Sie uns annehmen, Sie sind in diesem Fall eine junge Frau. Wie können Sie sich absolut schlecht fühlen, während Sie auf den Anruf eines jungen Mannes warten, und ihn vielleicht sogar entmutigen, Sie um eine Verabredung zu bitten, wenn er denn *wirklich* anruft?*

---

* An diesem Punkt können Sie zum Kapitel 1 zurückblättern, den Abschnitt über *Die Kraft des negativen Denkens* noch einmal durchsehen und ihn als Vorlage für das Grübeln und die Entwicklung von Angst verwenden.

Zunächst angenommen, dass der junge Mann, wenn er denn *anruft,* es am Tag nach der Party versuchen wird, irgendwann nach der Arbeit. *Aber* (und das ist Ihre erste Sorge) *weiß er, wie lange Sie arbeiten?*

Er weiß es nicht. Nehmen wir an, er ruft kurz nach 17.00 Uhr an und dann noch einmal um 17.30 Uhr, und er erreicht Sie bis 18.00 Uhr nicht. *Wird er es nach 18.00 Uhr wieder versuchen?*

Vielleicht nicht. Trotz allem hat es ein attraktiver Mann wie er nicht nötig, seine Zeit damit zu verbringen, junge Frauen anzurufen, die nicht einmal zu Hause sind. Vielleicht sollten Sie um 17.00 Uhr von der Arbeit nach Hause gehen, einfach um auf der sicheren Seite zu sein. Aber was ist, wenn Sie im Verkehr stecken bleiben? Vielleicht sollten Sie sich um 16.30 Uhr verdrücken. Besser noch, warum sagen Sie nicht einfach, dass Sie sich schlecht fühlen, und nehmen sich den ganzen Nachmittag frei? Auf diese Weise werden Sie *bestimmt* zu Hause sein, wenn er anruft.

Das ist dann also der nächste Schritt: *Sie müssen sich den ganzen Nachmittag freinehmen und auf seinen Anruf warten.* Positionieren Sie sich direkt neben dem Telefon, und bewegen Sie sich für keine Sekunde weg, nicht einmal, um auf die Toilette zu gehen. Es muss nicht erwähnt werden, dass er am Ende des Abends nicht angerufen haben wird.

Was für ein Idiot Sie waren, anzunehmen, er würde tatsächlich anrufen. Als ob Sie die einzige junge Frau in der Stadt sind, die er je um ihre Telefonnummer gebeten hat. Wie viele Telefonnummern hat er wohl *alleine* auf der Party gesammelt?

Immerhin hat er Sie nach Ihrer Telefonnummer gefragt und gesagt: »Ich werde dich anrufen«, und niemand hat ihn dazu gezwungen. Die Tatsache, dass er gefragt hat, bedeutet wohl, dass er zumindest *in Erwägung gezogen* hat, Sie anzurufen – zumindest in dem Augenblick, als er Sie um Ihre Nummer bat.

Vielleicht haben Sie zwischen dem Zeitpunkt, als er Sie nach Ihrer Nummer fragte, und dem Moment, als er Ihnen Gute Nacht wünschte, etwas gesagt – etwas, das ihm missfallen hat. Versuchen Sie sich zu erinnern, was es gewesen sein könnte. Wahrscheinlich haben Sie nur gesagt: »Es war schön, dich kennen gelernt zu haben«. Sicherlich ist es nicht falsch, jemandem zu sagen, dass es schön war, ihn *kennen gelernt* zu haben.

Und doch, man kann es nicht wissen. Ihm Ihre Nummer zu geben *und* ihm zu sagen, dass es schön war, ihn kennen gelernt zu haben, war vielleicht ein wenig aufdringlich.

Vielleicht hat er Sie nur nach Ihrer Nummer gefragt, um elegant von Ihnen wegzukommen. Keine schlechte kleine Angst. Aber hier ist eine noch bessere:

Vielleicht hat er die ganze Nacht versucht, Sie anzurufen, und das Telefon hat nur deshalb nicht geläutet, weil es defekt ist. Sie müssen herausfinden, ob das wahr ist. Nehmen Sie den Hörer auf – und seien Sie nicht enttäuscht, wenn Sie das Freizeichen hören. Nur weil Sie das Freizeichen hören, bedeutet das noch lange nicht, dass Ihr Telefon auch funktioniert. Sie müssen einen überzeugenderen Test durchführen.

Rufen Sie Ihre Freundin an. Wenn Sie abhebt, sagen Sie: »Verlange bitte keine Erklärung, ruf mich einfach nur zurück«, und legen dann auf. Erschrecken Sie nicht, wenn sie sofort zurückruft. Wenigstens wissen Sie jetzt, dass das Telefon funktioniert.

Nun ist der Augenblick für Ihre nächste Sorge gekommen: *Vielleicht hat er versucht, Sie anzurufen, als Sie ausprobierten, ob das Telefon funktioniert, und der Anschluss war für ihn besetzt.*

Genug Ängste für eine einzige Nacht. Gehen Sie schlafen.

Beschließen Sie am nächsten Tag, dass er Sie niemals anrufen wird, und gehen Sie nicht vorzeitig von der Arbeit nach Hause. Aber genau in dem Moment, wenn Sie zu Hause ankommen und dabei sind, die Tür zu öffnen, hören Sie vielleicht das Telefon läuten. Wühlen Sie verzweifelt nach Ihren Schlüsseln. Ihre Handtasche wird auf den Boden fallen, und ihr Inhalt wird sich überall verstreuen, aber irgendwie werden Sie es fertig bringen, den Schlüssel in die Tür zu stecken, während das Telefon immer noch klingelt, und Sie haben gerade noch Zeit, quer durch das Zimmer zu rasen, über den Teppich zu stolpern und den Hörer abzunehmen, bevor das Läuten aufhört.

Das ist der Augenblick zu beschließen, dass Ihnen nichts daran liegt, ob er anruft – dass Sie nicht den Rest Ihres Lebens damit verbringen werden, an einem beschissenen Telefon zu kleben, nur weil ein Scheißtyp auf einer Party gesagt hat, dass er Sie vielleicht anrufen wird.

Gehen Sie einfach Ihrer normalen Abendbeschäftigung nach. Wenn er anruft, schön, wenn nicht, auch gut. Machen Sie sich ein Abendessen. Essen Sie vor dem Fernseher. Waschen Sie das Geschirr ab. Trocknen Sie das Geschirr ab. Waschen Sie sich die Haare. Trocknen Sie sich die Haare. Machen Sie alles, was Sie normalerweise tun würden, wenn Sie einfach nur zu Hause wären und nicht darauf warten würden, dass irgendjemand anruft. Aber drehen Sie alle vier Minuten das Wasser in der Spüle und in der Badewanne aus und schalten Sie den Föhn ab, weil Sie denken, Sie hätten das Telefon gehört.

Vielleicht ist der Grund, dass er Sie nicht angerufen hat, einfach der, dass er nicht zu Hause war. Vielleicht sollten Sie seine Nummer im Telefonbuch nachschlagen und ihn einfach anrufen. Wenn er nicht zu Hause ist, werden Sie wissen, dass er Sie wahrscheinlich darum nicht angerufen hat. Wenn er zu Hause *ist*, können Sie einfach auflegen.

Das ist keine gute Idee. Hier ist eine bessere:

Vielleicht haben Sie ihm die falsche Telefonnummer gegeben. Wie oft rufen Sie eigentlich Ihre eigene Nummer an? Sie hatten sie vielleicht falsch in Erinnerung – die letzten beiden Ziffern vertauscht oder Ähnliches. Und wenn er angerufen und herausgefunden hat, dass Sie ihm die falsche Nummer gegeben haben, wird er wahrscheinlich gedacht haben, Sie haben es mit Absicht getan. Der arme Mann! Wie verletzt er sein muss! Was können Sie tun? Sie können ihn anrufen.

Schlagen Sie seine Nummer im Telefonbuch nach. Sie finden sie, aber jetzt haben Sie ein anderes Problem – es stehen drei Leute mit dem gleichen Namen drin. Sie werden wie ein Idiot klingen, wenn Sie herausfinden wollen, ob Sie den Richtigen angerufen haben: »Entschuldigen Sie, aber sind Sie derjenige, der auf der Party letzte Nacht meine falsche Telefonnummer bekommen hat?«

Das ist sicher nicht der richtige Weg. Sie müssen Folgendes tun: Rufen Sie jeden der in Frage kommenden Männer an, beginnen Sie eine Unterhaltung, die sich auf etwas bezieht, was Sie auf der Party diskutiert haben, und dann, wenn es der falsche Mann ist, können Sie einfach auflegen, und es wird nicht so peinlich sein, weil er keine Ahnung hat, wer Sie sind. *Natürlich außer, die drei sind Cousins und der eine, mit dem Sie sich unterhalten haben, hat die anderen beiden angerufen und ihnen alles erzählt.*

Das ist eine absurde Befürchtung. Rufen Sie einfach an, wie Sie es geplant haben.

Aber während Sie sich gerade zu dem Anruf aufraffen, klingelt das Telefon. Er ist es! Greifen Sie nach dem Hörer, halten Sie dann aber auf halbem Weg inne. Warum den Hörer nach dem ersten Läuten abheben? Wollen Sie, dass er weiß, wie ängstlich Sie sind? Lassen Sie es zwei Mal läuten. Besser noch, lassen Sie es drei Mal läuten. Dann heben Sie ab. Und es ist niemand dran.

Wie fühlen Sie sich – Sie haben ihn verpasst, als er endlich nach Hause kam und Sie anrief! Also jetzt müssen Sie ihn ganz sicher anrufen. Schnell, ehe er das Haus wieder verlässt!

Versuchen Sie die erste Nummer. Und Sie haben Glück – es ist der richtige Mann!

Sagen Sie ihm, wer am Apparat ist. Sagen Sie: »Hast du gerade versucht, mich anzurufen?« Dann wird ein peinliches Schweigen eintreten. »Es tut mir Leid«, wird er antworten, »nein«.

Anrufen wegen einer Verabredung

Jetzt lassen Sie uns annehmen, Sie wären in dieser Situation der junge Mann.

Eine attraktive junge Frau hat Ihnen ihre Telefonnummer gegeben, und Sie haben zu ihr gesagt, Sie würden sie anrufen. Jetzt ist es Zeit für ein paar Ängste.

Zunächst einmal, wie wollen Sie wissen, ob sie mit Ihnen ausgehen will? Sicher, sie hat Ihnen ihre Nummer gegeben, aber was hätte sie anderes tun können, als Sie sie gefragt haben? Sie betet wahrscheinlich, dass Sie ihre Nummer niemals wählen werden.

Nein, das ist eine absurde Idee – sie betet nicht, dass Sie ihre Nummer niemals wählen werden. Weil sie sich nicht einmal daran erinnern kann, Ihnen ihre Nummer *gegeben* zu haben, und wenn Sie anrufen, wird sie sicherlich nicht wissen, wer Sie sind. Und nicht nur das. Wenn Sie anrufen, werden Sie

sie in einem unpassenden Augenblick erwischen. Wie etwa ... *wie etwa, wenn ihr Freund gerade da ist.*

Das ist es – sie hat bereits eine feste Beziehung. Wie sollte so eine attraktive junge Frau auch keinen Freund haben? Also, es gibt keinen Grund, sie anzurufen, oder wollen Sie sie um eine Verabredung bitten und dann erfahren müssen, dass sie bereits einen Freund hat?

Nein, das ist lächerlich. Wenn sie einen Freund *gehabt* hätte, hätte sie eine perfekte Entschuldigung, Ihnen ihre Telefonnummer nicht zu geben. Sie hätte sagen können: »Es tut mir Leid, aber ich habe bereits einen festen Freund.«

Es sieht also so aus, als müssten Sie nach wie vor anrufen.

Was werden Sie ihr sagen? Ihnen wird wahrscheinlich schon in den ersten 30 Sekunden der Gesprächsstoff ausgehen. Sie werden sagen: »Wie geht es dir?«, und sie wird sagen: »Gut, und wie geht es *dir*?«, und Sie werden sagen: »Ganz gut, danke«, und das wird es dann gewesen sein. Ihnen wird absolut nichts mehr einfallen. Es wird eine schreckliche Stille herrschen, Sie werden mit einer peinlichen phrasenhaften Einladung zum Ausgehen herausplatzen, sie wird Sie auf demütigende Weise abblitzen lassen, und dann wird sie all ihren Freunden erzählen, wie stumm, peinlich und linkisch Sie sind.

Vielleicht könnten Sie all das verhindern, wenn Sie sich ein paar einführende Bemerkungen notieren und ihr diese dann einfach mit natürlicher Stimme vorlesen.

Einführende Bemerkungen für Telefongespräche

Für jedes Telefonat, in dem Sie planen, abgelehnt zu werden, gibt es zwei Arten von einführenden Bemerkungen: Primäre einführende Bemerkungen und sekundäre einführende Bemerkungen.

Hier sind zwei akzeptable Arten von primären einführenden Bemerkungen:

(1) »Du wirst dich wahrscheinlich nicht mehr an mich erinnern, aber ...«
(2) »Du kommst nie darauf, wer am Apparat ist.«

Beide Bemerkungen sind hervorragende Ausgangssituationen für Ablehnungen. Beide legen nahe, dass Sie so leicht zu vergessen sind, dass die Person, die Sie anrufen, *nie* erraten wird, wer Sie sind.

Eine gute sekundäre oder nachfolgende Bemerkung ist eine, *die der Person, die Sie angerufen haben, die bestmögliche Gelegenheit bietet, ein Gespräch zu vermeiden.* Wie etwa:

(1) »Ich nehme an, ich rufe gerade zu einer ungünstigen Zeit an, oder?«
(2) »Du klingst, als ob du gerade aus der Tür gehen wolltest.«

(3) »Ich wette, dass ich dich gerade beim Abendessen störe, oder?«
(4) »Ich wette, dass ich dich aufgeweckt habe.«
(5) »Hast du einen Augenblick Zeit zum Reden? Soll ich dich später noch einmal anrufen, wenn es dir besser passt? Oder würdest du es vorziehen, dass ich dich überhaupt nicht mehr belästige?«

Die Einladung

Es gibt zwei effektive Einladungsarten, die eine Ablehnung nach sich ziehen.

(1) Eine Einladung, die nicht früh genug ausgesprochen wird, sodass die eingeladene Person sie nicht annehmen kann, auch wenn sie es möchte:
»Kannst du zu einer Silvesterparty kommen – heute Abend?«
(2) Eine Einladung, die so weit im Voraus ausgesprochen wurde, dass sie die eingeladene Person nicht mit Anstand abschlagen kann, auch wenn sie es möchte:
»Kannst du mit mir am Donnerstag in drei Wochen ins Kino gehen?«

Wir ziehen die letztere Einladung vor, weil sie den zusätzlichen Vorteil hat, einen Mangel an Vertrauen an den Tag zu legen, der so entwürdigend ist, dass er an jedem, der die Einladung annimmt, haftet.

Das führt uns zur Form.

Die geeignete Form einer Einladung, die eine Ablehnung nach sich zieht, ist, wie in Kapitel 4 dargestellt, diejenige, welche die eingeladene Person nicht annehmen kann, ohne sich selbst in eine demütigende Lage zu bringen. Hier sind zwei Variationen dieser Einladungsform:

(1) »*Was machst du* am Samstagabend?«
(2) »*Hast du irgendwelche Pläne* für Samstagabend?«

So eine Einladung kann einzig und allein akzeptiert werden, indem man antwortet:

»Ich habe am Samstagabend nichts vor, es sei denn, du lädst mich ein.«

Die antwortende Person muss dabei auch der Gefahr ins Auge blicken, dass die obige Frage überhaupt nicht als Einladung gemeint war, sondern lediglich als gewöhnliche Erkundigung nach ihrer Beliebtheit.

Wenn es sich erst einmal gezeigt hat, dass die von Ihnen eingeladene Person gerne Ihre Einladung annehmen möchte, besteht der letzte Schritt darin, was auch immer Sie geplant haben, so wenig ansprechend wie möglich klingen zu lassen. Wie etwa:

(1) »Ein paar Jungs, die ich kenne, schmeißen eine Party; sie sind schon ziemliche Scheißtypen, aber es muss darum nicht unbedingt schlecht werden. Möchtest du mitkommen?«

(2) »Mein Onkel hat mir zwei Freikarten für dieses Konzert gegeben, das vermutlich ziemlich langweilig sein wird, und die Plätze sind auch nicht gerade gut. Ich nehme nicht an, dass du Interesse hast hinzugehen, oder?«

Die Feuerprobe beim tatsächlichen Ausgehen

Wenn Sie sich, ungeachtet der oben angebotenen Kunstgriffe, eine Verabredung verschafft haben, dann müssen Sie der Feuerprobe des Ausgehens ins Auge blicken.

Es gibt für Sie immer noch Hoffnung. Sie können den Abend immer noch ruinieren, eine furchtbare Zeit haben und sicherstellen, dass Ihre Verabredung niemals wieder mit Ihnen ausgeht.

Wie können Sie diese Aufgabe erfüllen?

Zehn Wege, einen guten Abend kaputtzumachen

(1) Wenn Sie eine junge Frau sind, richten Sie es so ein, dass Sie noch nicht fertig sind, wenn Ihre Verabredung eintrifft. Lassen Sie ihn wenigstens eine halbe Stunde warten – insbesondere, wenn er fürchtet, nicht mehr rechtzeitig zu einem Spiel oder ins Kino zu kommen. Wenn Sie alleine leben, lassen Sie ihn im Flur warten. Wenn nicht, sorgen Sie dafür, dass er von Ihrer Mitbewohnerin, Ihren Eltern oder irgendeinem zottigen, freundlichen Haustier, das Haare von gut sichtbarer Farbe auf seiner Kleidung hinterlässt, unterhalten wird.

(2) Wenn Sie ein Mann sind, erscheinen Sie spät

und ohne irgendwelche Pläne für den Abend. Fragen Sie: (a) »Auf was hättest du heute Abend Lust?« (b) »Hast du Lust auf Kino, oder worauf sonst?« (c) »Auf welchen Film hast du Lust?«. Etc.

(3) Wenn Sie eine junge Frau sind, durchkreuzen Sie jeden Plan für den Abend, den Ihre Verabredung vorschlägt. Wie etwa:
Durchkreuzung 1:
»Lass uns irgendwo hingehen und tanzen.«
»Ich bin keine besonders gute Tänzerin.«
Durchkreuzung 2:
»Lass uns ein Spiel ansehen.«
»Ich habe noch nie verstanden, was man daran finden kann.«
Durchkreuzung 3:
»Lass uns zum Chinesen essen gehen.«
»Bei chinesischem Essen muss ich mich immer übergeben.«*

(4) Wenn Sie ein Mann sind, sprechen Sie über Ihre Abneigung gegenüber der Ehe. Wenn Sie eine junge Frau sind, erzählen Sie ihm, wie dringend Sie heiraten wollen und welche Art von religiöser Erziehung Ihre Kinder erhalten sollen.

(5) Sprechen Sie über Ihre eigenen Fehler oder über die Ihrer Verabredung. Kritisieren Sie ihn oder sie wegen des Rauchens oder Trinkens oder weil er oder sie *nicht* raucht oder trinkt.

---

* Dies ist eine gute Gelegenheit, eine Durchkreuzung mit einer geheimen persönlichen Peinlichkeit zu kombinieren.

(6) Sprechen Sie über Psychoanalyse. Erzählen Sie ihm von Ihrer eigenen, wenn Sie eine machen, und drängen Sie ihn, gleichfalls eine zu beginnen. Wenn er bereits eine Analyse macht und Sie nicht, machen Sie sich lustig über ihn und drängen Sie ihn aufzuhören.

(7) Machen Sie sich während des gesamten Abends über jede romantische Geste Ihrer Verabredung lustig.

(8) Fragen Sie ihn oder sie aus über jeden Angehörigen des anderen Geschlechts, der vorbeikommt und grüßt.

(9) Sprechen Sie über irgendjemanden, mit dem Sie aus waren, ausgehen werden oder gerne einmal ausgehen würden.

(10) Bitten Sie Ihre Verabredung im Restaurant von allem, was er oder sie isst, um einen Bissen. Wenn Sie ihn erhalten haben, bitten Sie um einen weiteren. Dann noch einen. Und noch einen. Früher oder später wird selbst der Weichherzigste bei Ihren Anfragen versteinern, und die Ablehnung wird unausweichlich sein.

Quiz

1. Problem: Sie sind ein junger Mann, der eine junge Frau, die er nicht kennt, um ein Blinddate bittet. Wie können Sie Ihre einführenden Bemerkungen formulieren, um eine Ablehnung zu garantieren?

Antwort: »Hallo, du kennst mich nicht, aber ein Typ, mit dem du zur Schule gegangen bist, hat mir deine Telefonnummer gegeben, und ich muss auch sagen, dass er dachte, du seiest mittlerweile verheiratet. Wie kommt es, dass du es nicht bist?«

2. Problem: Sie sind eine junge Frau, die einem Blinddate zugestimmt hat, und der junge Mann hat Sie gerade gefragt, wie er Sie erkennen kann, wenn er Sie sieht. Wie sollten Sie Ihre Antwort formulieren?

Antwort: »Ich bin eine von der schwereren Sorte. Außerdem habe ich einen unerfreulichen Hautausschlag.«

KAPITEL 7: DIE KUNST, TIEFE ROMANTISCHE BEZIEHUNGEN ZU ZERSTÖREN

Für den Laien mag es so aussehen, als sei es umso schwerer, Unglück zu finden und Ablehnung zu erfahren, je tiefer eine Beziehung ist.

Wir Profis sind glücklich, Ihnen mitteilen zu können, dass dies nicht der Fall ist – dass in Wirklichkeit das Gegenteil wahr ist. Je tiefer das Verhältnis, desto zahlreicher sind die Gelegenheiten, sich schlecht zu fühlen. Oder, um es ein wenig zu verkomplizieren: So wie die Beziehung arithmetisch wächst, wächst das potenzielle Unglück geometrisch.

Dies bedeutet keineswegs, dass es einfach ist, Ihren Liebhaber, Ihre Ehefrau oder Ihren Ehemann dazu zu bringen, Sie abzulehnen. Ganz im Gegenteil wird es für Sie wahrscheinlich ziemlich schwierig sein, das zu schaffen, es sei denn, Sie packen es auf eine hinlänglich indirekte und hinterlistige Art und Weise an.

Warum?

Also zum einen (ganz gleich, ob Sie das glauben oder nicht) mag Ihr Liebster Sie wahrscheinlich ziemlich gern. Und zum anderen ist er oder sie zweifellos genauso erpicht darauf, dass Sie Ihre Beziehung zerstören.

Um absolut sicherzugehen, dass es am Ende Sie

sind und nicht Ihr Liebster, der die Leiter des vollkommenen persönlichen Unglücks erklimmt, haben wir Sie mit verschiedenen todsicheren Beziehungszerstörungsmanövern ausgestattet.

Beziehungszerstörungsmanöver 1: Der große Liebestest

Dieses Manöver kann in jedem Stadium einer tiefen romantischen Beziehung zur Anwendung kommen, besonders gut geeignet scheint es aber für die Anfangsstadien einer Beziehung zu sein, also empfehlen wir es als Ihre erste große Kriegslist.

Ebenso wie die nachfolgenden basiert dieses Manöver auf der Ablehnungsformel.

Ablehnungsmaßnahme 1:
Sie: »Liebst du mich?«
Partner: »Ja, *natürlich* liebe ich dich.«

Maßnahme 2:
Sie: »Liebst du mich *wirklich*?«
Partner: »Ja, ich liebe dich wirklich.«
Sie: »Liebst du mich *wirklich* wirklich?«
Partner: »Ja, ich liebe dich wirklich wirklich.«
Sie: »Bist du dir *sicher*, dass du mich liebst – bist du dir absolut *sicher*?«
Partner: »Ja, ich bin mir absolut sicher.«

(Pause)

Sie: »Kennst du überhaupt die Bedeutung des Wortes Liebe?«

(Pause)

Partner: »Ich weiß nicht.«

Sie: »Wie kannst du dir dann so sicher sein, dass du mich liebst?«

(Pause)

Partner: »Ich weiß nicht. Vielleicht kann ich's ja nicht.«

Maßnahme 3:

Sie: »Du kannst es also nicht? Ich verstehe. Wenn du dir also nicht einmal sicher sein kannst, dass du mich liebst, dann sehe ich wirklich keinen Grund, warum wir zusammenbleiben sollten. Du etwa?«

(Pause)

Partner: »Ich weiß nicht. Vielleicht nicht.«

(Pause)

Sie: »Darauf hast du schon seit geraumer Zeit hingesteuert, oder etwa nicht?«

Der Leser wird bemerken, dass in diesem Austausch der primäre Plan *eine einfache Bitte um Rückversicherung ist, die, wenn sie gegeben wird, ignoriert wird.**

---

* Um beste Ergebnisse zu erzielen, sollte dieses Manöver (und alle anderen Tests der Zuneigung) angewandt werden, wenn der zu Testende vollkommen von einer Aktion in Anspruch genommen wird, wie etwa eine lange Verkehrsschlange auf der Schnellstraße zu überholen, während sich Ihnen auf der Überholspur ein LKW mit hoher Geschwindigkeit nähert.

In dieser Hinsicht ist die Technik identisch mit der ersten Maßnahme der Ablehnungsformel, und vermutlich kann sie auch alleine als effektives Beziehungszerstörungsmanöver verwendet werden. Sie könnten also auch einfach immer wieder die Frage »Liebst du mich?« wiederholen, bis Ihr Liebster vor lauter Stumpfsinn, Irritation oder Brechreiz aufhört, »Ja« zu sagen. Wie dem auch sei, es ist die Einführung der philosophischen Frage »Kennst du die *Bedeutung* des Wortes Liebe?«, welche die Ablehnung wirklich *verursacht*.

Es ist hierbei wichtig zu betonen, dass Sie bei ihrem ersten Versuch nicht das ganze Manöver durchführen müssen. Sie können sich dafür entscheiden, kurz vor der Maßnahme 3 aufzuhören, nachdem Sie Ihren Liebsten so weit gebracht haben, zuzugeben, dass sie oder er Sie vielleicht nicht liebt. Das als solches ist bereits ein kleiner Sieg und kann Sie dazu veranlassen, zu grübeln und mehrere Tage schlechter Laune zu sein. Wenn Sie dann für eine weitere Selbstbestrafung bereit sind, können Sie noch einmal mit dem gesamten Manöver beginnen, entweder abermals vor der Maßnahme 3 aufhören oder es direkt bis zum Sieg treiben.

Beziehungszerstörungsmanöver 2:
Der große Heiratsschwindel

Dieses Manöver kann, wie das vorangegangene, zu jedem Zeitpunkt einer Beziehung angewandt werden, am effektivsten ist es jedoch in frühen Stadien.

Die Schwindelformel, eine weitere Variation der Ablehnungsformel, ist im Wesentlichen ein Manöver in zwei Schritten und lässt sich folgendermaßen aufschlüsseln:

Maßnahme 1 ist eine Nachfrage nach etwas entweder Unangebrachtem oder Unvernünftigem. Maßnahme 2 *ignoriert Warnungen, dass der Schwindel nicht erfolgreich sein kann, und übertrifft die Nachfrage mit einem harten Ultimatum.*

Zunächst die Frage:
»Wann werden wir heiraten?«

Wenn sie auf etwas unbestimmte Art beantwortet wird, kann fortgefahren werden mit:
»Entweder wir legen das Datum jetzt fest, oder wir treffen uns nicht mehr.«

Wenn Sie bei Ihrem Timing ausreichend Klugheit haben walten lassen, wird Ihr Liebster wie geplant antworten:
»Dann denke ich, wir treffen uns nicht mehr.«

Der große Heiratsschwindel wird von Frauen bevorzugt, er funktioniert aber bekanntermaßen bei Männern genauso wunderbar.

Beziehungszerstörungsmanöver 3: Haben wir noch etwas gemeinsam?*

Wie Sie der ersten Zeile des Dialogs unten entnehmen können, wenden Sie dieses Manöver am besten direkt nach einem Streit an, bevorzugt Ihrem ersten. Sie können es sogar mit einem der anderen Manöver aus diesem Abschnitt kombinieren – vielleicht als direkten Anschluss an den großen Liebestest.

Ablehnungsmaßnahme 1:
Sie: »Das ist also unser erster großer Streit.«
Partner: »Ja.«
   (Pause)
Sie: »Denkst du, dass wir noch etwas gemeinsam haben?«
Partner: »Was meinst du?«
Sie: »Ich meine, denkst du, dass wir immer noch eine Beziehung haben?«
Partner: »Natürlich. (Pause) Warum – denkst *du* das nicht?«

---

* Die Manöver 3, 4 und 5 sind bei verheirateten Paaren genauso effektiv. Gleichfalls Manöver 1.

Maßnahme 2:
Sie: »Also, *vorher* habe ich das auf jeden Fall gedacht.«
Partner: »Was soll *das* jetzt bedeuten?«
Sie: »Dass ich es *vorher* gedacht habe.«
Partner: »Und *jetzt* denkst du das nicht mehr?«
   (Pause)
Sie: »Ich weiß nicht. Was denkst *du*?«
   (Pause)
Partner: »Ich weiß nicht. Ich habe es vorher gedacht.«
Sie: »Aber jetzt bist du dir vielleicht nicht mehr so sicher, stimmt's?«
   (Pause)
Partner: »Ich weiß nicht. Vielleicht nicht.«

Maßnahme 3:
Sie: »Also, wenn du offensichtlich sowieso vorhast, mich früher oder später zu verlassen, dann kannst du es genauso gut früher tun und dieses Trauerspiel nicht noch verlängern.«

Hierbei verhält es sich genau wie beim großen Liebestest. Die Maßnahme 3 kann ausgespart werden und das nächste Mal zur Anwendung kommen, wenn Sie vorhaben, das ganze Manöver durchzuführen.

Bitte vermerken Sie, dass Maßnahme 3 den Gedanken aussät, dass Ihr Liebster Sie früher oder später »offensichtlich verlassen will«. Obwohl offenkundig lächerlich, wird diese Idee von beiden Partnern gerne angenommen, zumindest unbewusst von diesem Moment an.

Beziehungszerstörungsmanöver 4:
Verlass mich nicht

Hierbei handelt es sich um eine Variation des Beziehungszerstörungsmanövers 1. Anstatt die Frage »Liebst du mich?« zu wiederholen, wird die dringende Bitte »Verlass mich nicht« wiederholt, bis Ihr Liebster erschöpft ist von den vergeblichen Versuchen, Sie zu beruhigen.

Wenn Sie ein zehntes »Verlass mich nicht« mit der Forderung nach einem fassbaren Beweis für die Absicht Ihres Liebsten, bei Ihnen zu bleiben, nachfolgen lassen, könnte das selbst Ihre Beziehung beenden. Zumindest wird es den Gedanken, Sie zu verlassen, dort aussäen, wo er zuvor wahrscheinlich nicht existierte.

Eine schwächere Variante dieses Manövers ist die Bemerkung »Eines Tages wirst du mich verlassen«. Zunächst harmlos genug, wird diese Bemerkung durch beständige Wiederholung zu einer sich selbst erfüllenden Prophezeiung und damit genauso effektiv wie »Verlass mich nicht«.

Beziehungszerstörungsmanöver 5:
Der attraktive Fred (Gegenstück für Frauen: Die attraktive Corinna)

Es gibt zwei Wege, mit dem Verdacht umzugehen, dass Ihr Liebster, Ihre Ehefrau oder Ihr Ehemann einen Ihrer Freunde attraktiver findet als Sie.

Die erste Methode ist, ihm oder ihr diesen Verdacht wiederholt zum Ausdruck zu bringen. Offene Eifersucht ist, das geben wir zu, ein ziemliches Anfängermittel, um Ablehnung zu erlangen, aber sie ist nichtsdestotrotz effektiv.

Die zweite Methode ist, Ihre Eifersucht nicht nur zu *verbergen*, sondern sich quasi umzustülpen, um zu *beweisen*, dass Sie nicht eifersüchtig sind. Was Sie hierbei an unmittelbarer Demütigung opfern, wird durch langfristigen Schmerz mehr als ausgeglichen.

So eine Methode ist das *Der-attraktive-Fred-Manöver*. Es hat, genau wie *Verlass mich nicht*, eine ziemlich lange Inkubationszeit, ist aber das zermürbendste aller Manöver in diesem Kapitel und insofern das lohnendste.

Um Sie für das *Der-attraktive-Fred-Manöver* in Form zu bringen, schlagen wir eine kleine Übung vor, genannt *Erzähl mir von deiner Vergangenheit*. Diese Übung beginnt, indem Sie zu Ihrem Liebespartner sagen:

»Erzähl mir von deiner Vergangenheit –
halte mit nichts hinterm Berg«,

und geht von da an fröhlich weiter. Nachdem Sie *Erzähl mir von deiner Vergangenheit* über mehrere Wochen erschöpft haben, werden Sie so abgestumpft sein, dass Sie die detaillierte Beschreibung der verflossenen Liebsten Ihres Partners nicht länger unglücklich macht. Jetzt ist es an der Zeit, den *attraktiven Fred* auszuprobieren.

Wie weit Sie dieses Manöver treiben möchten, wird abhängen vom Grad Ihres Raffinements, Ihrer Schmerzgrenze und davon, wie aufrichtig Sie nach dem vollkommenen persönlichen Unglück suchen.

Sie: »Fred fühlt sich zweifellos zu dir hingezogen.«
Partner: »Oh wirklich?«
Sie: »Ja. Er ist selbst ein ziemlich attraktiver Typ, findest du nicht? Rein körperlich, meine ich.«
Partner: »Oh, ich weiß nicht. Ich nehme an. Um dir die Wahrheit zu sagen, ich habe noch nicht darüber nachgedacht.«
Sie: »Ich würde wetten, du hast dir schon vorgestellt, wie es wäre, mit ihm auszugehen.«
Partner: »Das kann ich wirklich nicht behaupten.«
Sie: »Komm schon. Du kannst mir nicht erzählen, dass dir der Gedanke noch nie in den Sinn gekommen ist.«
Partner: »Nein, wirklich nicht. Nicht bis jetzt, auf keinen Fall.«
Sie: »Nicht bis jetzt, aha? (Pause) Ich wette, du *wür-*

dest immerhin gerne mit ihm ausgehen. Oder etwa nicht?«

Partner: »Nicht besonders.«

Sie: »Du willst mir erzählen, dass du kein bisschen neugierig bist, wie das wäre – auch wenn du es tun könntest, ohne mich zu verletzen?«

(Pause)

Partner: »Ich ... weiß nicht.«

Sie: »Also, wenn du jemals beschließen solltest, dass du neugierig *bist*, möchte ich, dass du weißt: Ich denke, du solltest es einfach tun.«

Partner: »Denkst du?«

Sie: »Einfach, um herauszufinden, wie es ist. Einfach, um es loszuwerden.«

Partner: »Es würde dir wirklich nichts ausmachen?«

Sie: »Mir etwas ausmachen? *Natürlich* würde es mir etwas ausmachen. Aber mir ist lieber, du tust es einfach und findest heraus, wie es ist, als dass du es *nicht* tust und es zu einer fixen Idee wird. Du weißt, was ich meine?«

(Pause)

Partner: »Ja ... ich weiß, was du meinst.«

Testproblem

Stellen Sie sich vor, noch ehe Sie die Gelegenheit haben, Ihren Liebsten einem Beziehungszerstörungsmanöver auszusetzen, beginnt er oder sie damit, *Sie* einem solchen auszusetzen. Welche Gegenstrategie können Sie sich ausdenken, um jedes der fünf Manöver aufzuhalten, ehe Sie gezwungen sind, Ihren Liebsten abzulehnen?

Vergleichen Sie Ihre Lösungen mit den unten empfohlenen Gegenmanövern.

Gegenmanöver für *Der große Liebestest*:
Partner: »Liebst du mich?«
Sie: »Es wäre dir niemals in den Sinn gekommen, diese Frage zu stellen, wenn du dir selbst nicht unsicher wärest, ob du mich liebst.«

Gegenmanöver für *Der große Heiratsschwindel*:
Partner: »Wann werden wir heiraten?«
Sie: »Sobald du mich überzeugen kannst, dass du nie mehr einem anderen Mann hinterhersehen – oder mit ihm reden – wirst.«

Gegenmanöver für *Haben wir noch etwas gemeinsam?*:
Partner: »Denkst du, dass wir noch etwas gemeinsam haben?«
Sie: »Ist das deine Art, mir zu sagen, dass du mich satt hast?«

Gegenmanöver für *Verlass mich nicht*:
Partner: »Eines Tages wirst du mich verlassen.«
Sie: »Es gibt niemanden, der mich haben wollte, wenn ich das täte.«

Gegenmanöver für *Der attraktive Fred*:
Partner: »Fred fühlt sich zweifellos zu dir hingezogen.«
Sie: »Wie kannst du so blind sein – er fühlt sich zu *dir* hingezogen.«

KAPITEL 8: DIE KUNST, ALLE NOCH VERBLIEBENEN FREUNDE ZU VERLIEREN

Wir können mit Sicherheit annehmen, dass Sie bis zu diesem Zeitpunkt bereits Ihren Job und Ihren Liebsten losgeworden sind.

Jetzt ist es an der Zeit, an Ihren Freunden weiterzuarbeiten.

Der akzeptable Versagensspielraum

Es ist wahr, dass Sie immer zu Ihren Freunden gehen können, um Ihre Freuden und Sorgen zu teilen, und Sie werden in ihnen die perfekten Zuhörer finden. Es ist auch wahr, dass Sie, wenn Sie *zu viele* Freuden oder Sorgen haben, Gefahr laufen, diese Zuhörerschaft zu verlieren.

Wenn es Ihr Ziel ist, Ihre Freunde zu *behalten*, müssen Sie innerhalb eines akzeptablen Versagensspielraums bleiben. Wenn es aber Ihr Ziel ist, Ihre Freunde zu verlieren, müssen Sie den akzeptablen Versagensspielraum in irgendeine Richtung überschreiten.

Da Sie bereits Ihren Job und Ihren Liebsten verloren haben, werden Sie den Spielraum nach unten überschreiten.

Erinnern Sie Ihre Freunde daran, was für ein Versager Sie sind. Rufen Sie sie jeden Tag an, mehrmals am Tag. Beklagen Sie sich. Verzweifeln Sie. Wenn möglich, weinen Sie.

Rügen Sie sie, weil sie Sie nicht oft genug anrufen, sich nicht um Sie kümmern. Beschuldigen Sie sie, dass Sie zu einer Zeit, wo Sie sie brauchen, allein gelassen werden. Geben Sie sich ganz, ganz schrecklich verletzt.

Wenn Sie diese Strategie mit ein wenig Fleiß durchhalten, sind Sie, noch ehe Sie sich versehen ...

Endlich allein!

Glückwunsch! Sie haben jeden, den Sie kennen, aus Ihrem Leben vertrieben. Unbelastet von Job, Liebstem oder Freunden, sind Sie jetzt frei, 24 Stunden am Tag darüber nachzugrübeln, wie gemein das Leben ist und wie jeder Sie am Ende verraten hat, genau wie Sie es vorausgesehen hatten.

Mit Hilfe der in diesem Buch vorgestellten Techniken – der *Schaffung von Ängsten* und der *Kunst, die Menschen dazu zu bringen, Sie abzulehnen* – haben Sie jetzt das Äußerste erreicht: Vollkommenes persönliches Unglück. Und Sie sind für all Ihre Schuld bestraft worden.

Oder etwa nicht?